AMOR É UM VERBO

GARY CHAPMAN

AMOR É UM VERBO

A EMOÇÃO É APENAS O COMEÇO

Traduzido por EMIRSON JUSTINO

Copyright © 2009 por Gary Chapman
Publicado originalmente por Baker Publishing Group, Grand Rapids, Michigan, EUA.

Todos os direitos reservados e protegidos pela Lei nº 9.610, de 19/02/1998.
É expressamente proibida a reprodução total ou parcial deste livro, por quaisquer meios (eletrônicos, mecânicos, fotográficos, gravação e outros), sem prévia autorização, por escrito, da editora.

Dados Internacionais de Catalogação na Publicação (CIP)
(Câmara Brasileira do Livro, SP, Brasil)

Chapman, Gary, 1938 —

Amor é um verbo : a emoção é apenas o começo / Gary Chapman ; traduzido por Emirson Justino. — São Paulo: Mundo Cristão, 2009.

Título original: Love Is a Verb
ISBN 978-85-7325-588-1

1. Amor   2. Amor — Aspectos religiosos — Cristianismo 3. Relações interpessoais
I. Título.

09-05239   CDD-177.7

Índice para catálogo sistemático:
1. Amor : Ética : Filosofia 177.7
Categoria: Casamento

Publicado no Brasil com todos os direitos reservados por:
Editora Mundo Cristão
Rua Antônio Carlos Tacconi, 69, São Paulo, SP, Brasil, CEP 04810-020
Telefone: (11) 2127-4147
www.mundocristao.com.br

1ª edição: setembro de 2009
5ª reimpressão (sistema digital): 2020

Dedicado a
Derek e Amy Chapman
Cuja vida demonstra
Que *amor é um verbo*

Agradecimentos

Agradeço profundamente às pessoas que me contaram suas histórias de amor. Este livro não teria surgido sem sua contribuição. Sou extremamente grato a Jim Bell, que incentivou este projeto desde o início e foi o maior responsável pela reunião destas histórias. Espero que tanto ele como os que colaboraram com suas histórias sejam recompensados por saber que seu trabalho ajudou outros a descobrir que amor é um verbo. Também sou grato por outras pessoas, agora da perspectiva editorial e de *marketing*, que também desempenharam papéis importantes: Kyle Duncan, Tim Peterson, Julie Smith, Ellen Chalifoux, Donna Carpenter e Jeanette Littleton.

No lado pessoal, sou grandemente abençoado por um filho, Derek, e uma nora, Amy, que, em toda a sua vida conjugal, fornecem um modelo do que significa amar. Começando com seu casamento na cidade de Praga, prosseguindo em seu ministério na Antuérpia e, agora, em Austin, Texas, eles têm dedicado todos os dias a entregar a vida pelos outros. Sonho com o dia em que o exemplo deles seja multiplicado, e é por essa razão que dedico este livro aos dois.

Gary D. Chapman
Winston-Salem, Carolina do Norte

Sumário

Introdução	11
Amar com abundância, TAMARA VERMEER	15
O vexame da batata, EILEEN RODDY	23
A mudança, LOUISE D. FLANDERS	29
Um simples copo de café, STEVEN L. BROWN	35
Tomando leite com uma colher, DORIS E. CLARK	41
O abraço que nunca esquecerei, REBECCA WILLMAN GERNON	47
Entre riachos e rodas-gigantes, SHEILA FARMER	53
A menina que mudou minha vida, LAURIE A. PERKINS	59
Os opostos se atraem — e depois?, EMILY OSBURNE	67
O novo quarto de amor, BETTY J. JOHNSON DALRYMPLE	73
Um milagre de Natal, LORETTA J. EIDSON	79
Entre o bebê e o basquete, KEVIN LUCIA	85
Uma razão para viver, SUDHA KHRISTMUKTI	93
Melhor que chocolate, MIDGE DESART	101
Quem está ganhando a guerra?, LAURA L. BRADFORD	107
Achados e perdidos — quatro irmãs, SARAH B. HAWKINS	115
Meu cavaleiro sabe, LESLIE J. PAYNE	119
O coração de Springfield, JON HOPKINS	127

A garota que tocou meu coração, Barbara L. Scott — 137
Um coração ferido é libertado, Amy Chanan — 143
Entrando no mundo de Molly, Elsi Dodge — 149
Simplesmente me chame de amor, Donna Smith — 157
Quando Sara me ensinou o que é liberdade,
   Nancy Page Sheek — 165
O bom e o ruim, Sheila Farmer — 171
Aventuras diárias com mamãe, Faith Waters — 177
Tentativas e erros, Billy Cuchens — 183
O mundo não gira ao meu redor, Christine McNamara — 191
Não é a moça certa para o meu filho?, Ann Varnum — 197
Bondade numa caixa prateada, Pamela Dowd — 203
Uma tulipa da primavera em solo congelado,
   Gena Bradford — 209
Ela só precisava de tempo, Katherine J. Crawford — 217
O dia em que meu marido pediu a Deus que eu morresse,
   Laquita Havens — 225
A batalha da lava-louças, Susan Stanley — 231
O gatinho do tempo, Nancy J. Farrier — 237
Diga adeus a sua amante, Jennifer Devlin — 243
Um acordo meio a meio, Sandy Cathcart — 249
Na riqueza e na pobreza, Chris Wright — 255
O preço vale a pena, Jacquelyn Sandifer Strange — 261
Arrancando o mato na trilha das flores, Connie Pombo — 267
A porta do amor, Nora Peacock — 273
Sobre os colaboradores — 279

Introdução

"O amor faz o mundo girar."
"Amar é tudo de que você precisa."
"O amor pode deixá-lo maluco..."

Todos nós sabemos que poemas, canções, filmes e oradores têm tentado descrever e expressar o ato de amar de maneira adequada. Filmes e programas de televisão se concentram na busca pelo amor e pela satisfação pessoal. Anúncios usam esse sentimento poderoso para nos vender produtos. Ao que parece, nossa cultura possui uma mentalidade atrelada ao amor.

Seja no casamento, na família ou nas amizades, não é surpresa perceber a atração exercida pelo amor, nem o fato de ele ser colocado na lista de prioridades de nossa vida. Afinal de contas, o livro mais sábio de todos, a Bíblia, nos diz que o próprio Deus é amor.

Poucas emoções da vida se igualam à excitante torrente de adrenalina provocada por um novo romance, à doce companhia de um amigo ou ao fiel apoio de um membro da família. Não é de estranhar que busquemos amar mais que tantas outras experiências positivas. É muito mais fácil enfrentar os desafios normais e cotidianos quando sabemos que existem pessoas que estão sempre ao nosso lado quando precisamos, que existem pessoas que nos apoiam incondicionalmente.

Uma vez que todo relacionamento amoroso envolve seres humanos falíveis, os desafios são enormes. Diferentemente das ligações pessoais apresentadas no cinema e na televisão, as questões reais entre as pessoas normalmente não podem ser resolvidas em trinta minutos, nem em alguns episódios. Às vezes tanto as situações como as pessoas impedem que amemos adequadamente.

A euforia diminui depois da cerimônia de casamento, e os sentimentos românticos podem voar pela janela. Experimentamos um desacordo intenso e, então, acabamos agindo como opositores, em vez de apoiadores.

Em alguns momentos, ocorrem ruídos na comunicação. Em outras ocasiões, podemos nos prender a expectativas irreais. Ainda em outras situações, francamente, talvez nem sequer saibamos como amar se encaixa na equação. E, quando as coisas ficam realmente ruins, algumas pessoas simplesmente seguem adiante... deixando para trás uma trilha de corações feridos.

Como pastor e conselheiro, tenho presenciado essa situação diversas vezes. Um dos cônjuges se cansa do casamento e cede à tentação de ver se a grama do quintal de outra pessoa é realmente mais verde. Pais e filhos interrompem mutuamente a comunicação por conta de um mal-entendido. Uma pessoa se senta sozinha na igreja ou simplesmente deixa de frequentá-la porque perdeu um amigo e tem medo de se abrir de novo para outra pessoa.

Tenho visto pessoas demais desistindo rápido demais de amar. Abandonar relacionamentos não traz o alívio esperado, não cria soluções nem simplifica a vida. Em vez disso, acumula mais problemas por meio de julgamentos e ressentimentos persistentes.

Diante disso, quais são as respostas aos desafios lançados pelo amor? Para começo de conversa, é necessário dizer que, a fim de suportar a longa caminhada e enfrentar o estresse e a complexidade da vida, amar precisa ser mais do que algo que sentimos. Precisa ser algo que fazemos. Precisamos demonstrar amor concretamente em nosso casamento, nossa família, entre nossos amigos e conhecidos e, sim, até mesmo aos nossos inimigos.

É disso que trata este livro. Nas páginas a seguir serão apresentados exemplos de pessoas como você — como *todos* nós — que aprenderam a pegar os obstáculos, os "limões" que encontram na vida, e transformá-los em néctar agradável, capaz de matar a sede emocional. Estas são as histórias de sucesso que farão que você tenha disposição de se esforçar ainda mais.

Você lerá sobre:

- Doris, que mantinha as mãos furiosamente ocupadas com o tricô quando sentia vontade de usá-las para estrangular o marido que ela de fato não conseguia mais suportar.
- Faith e Louise, que precisaram aprender a lidar com a situação na qual uma mente estranha habitava o corpo de seus amados.
- Sarah, que não queria nada com sua irmã; e Laquita, que finalmente se apaixonou por seu marido depois de quarenta anos.
- Kevin, que descobriu o que *não era* um sacrifício por outra pessoa... assim como o que realmente *era*.
- Sudha, em cuja porta uma suicida desconhecida caiu literalmente; e Laurie, que encontrou o amor olhando por entre a cerca de sua casa.
- Steven, que ofereceu uma xícara de café quente para aquecer a circulação do amor em seu coração; e Tamara, que descobriu ter o poder de melhorar o mundo de uma pessoa menos afortunada.
- Rebecca, cujo pai era incapaz de demonstrar emoções; e Eileen, que expressava suas emoções de um modo muito intenso!
- Midge, a mulher que esperava chocolate e terminou com um gosto amargo na boca.

- Loretta, que enfrentou a dor inacreditável do comportamento criminoso quando lhe foi pedido que deserdasse um delinquente querido.
- Pamela, que encontrou o tesouro do seu coração embaixo da tampa de uma pequena caixa prateada.

Todas essas pessoas, como muitas outras, contam suas histórias sobre como aprenderam a viver com base no amor durante a tragédia e a vitória. Suas experiências são mais impressionantes que qualquer crônica intrincada de Hollywood. Você compreenderá suas narrativas e se identificará com seus medos e realizações.

Depois de cada história, destaco um elemento-chave que pode ajudar você a tornar-se imbatível em sua busca por relacionamentos fortes e estáveis. Nestas páginas, apresentarei ferramentas que essas pessoas usaram e que você também pode colocar em prática. Essas histórias irão inspirá-lo a construir, reacender e experimentar o tipo de amor e amizade que perdura mesmo depois que os sentimentos cálidos e entusiasmados tiverem desaparecido.

Você deseja desfrutar os melhores relacionamentos possíveis? Então vamos trabalhar. Amar não se limita a um pronome como "ele", "ela", "eles" ou "elas". Não se relaciona a quem são as outras pessoas, a como elas nos tratam ou ao que fazem para que as valorizemos. O ato de amar começa com você e, fundamentalmente, não tem de ver com o que você diz ou sente. Em vez disso, amor é uma palavra de ação; é uma escolha que você precisa fazer. *Amor é um verbo!*

GARY CHAPMAN

Amar com abundância

TAMARA VERMEER

CERTO DIA, TONY ENTROU EM NOSSO ESCRITÓRIO, onde Tim, meu marido, aconselha veteranos com deficiências. Seu sorriso brilhante iluminava-lhe o rosto. Ele não era mais alto que meu filho de catorze anos. Careca, magro como um poste e na casa dos quarenta anos. Encantador, era dono do tipo de charme ao qual, estou certa, sua mãe não resistia mesmo quando ele fazia alguma coisa errada. Ele deu um meio sorriso tão facilmente que quase ri junto com ele — não consegui evitar. Encontrei-o apenas rapidamente, mas ele deixou uma marca no meu coração que nem sequer percebi que estava lá.

Alguns dias depois, Tim me perguntou:

— Você se lembra do Tony?

— Certamente — respondi, enquanto separava a correspondência.

— Deixe-me falar um pouco mais sobre ele. Ele é HIV positivo, sobreviveu ao furacão Katrina, foi transferido aqui para Denver e, até onde sei, é completamente solitário. Não tinha casa, mas recentemente conseguiu uma moradia do governo. Mas ele está muito doente, seu apartamento está praticamente vazio e está dormindo no chão. Ele não tem sequer uma cama.

"Ele não tem sequer uma cama — sem cama e doente." Essas palavras ecoaram na minha mente. "Sem cama, sem cama."

Imaginei o pequeno Tony encolhido no chão. Como todo nós, eu já ouvira falar de situações desesperadoras como essa, mas isso sempre aperta meu coração e me sinto horrível. Dessa vez, porém, foi como se alguém me tivesse chacoalhado e gritado: "Ele não tem cama! Veja o tanto que você tem!".

Nossa família sempre gostou de ajudar os menos afortunados — dar presentes de Natal para pessoas em dificuldades, levar refeições para parentes de pessoas internadas, doar dinheiro para crianças na África. Mas essas eram maneiras "seguras" de ajudar e, depois, voltar para casa; nossa vida não estava entrelaçada com a de ninguém.

Meu estômago se agitou e senti-me um pouco trêmula. Eu precisava arrumar uma cama para aquele homem. Não sabia por que precisava agir dessa forma, mas Deus sabia. E precisava ser uma cama nova! Por alguma razão, eu queria amá-lo *com abundância*. Embora me sentisse compelida a ajudá-lo, ficava pensando em que eu estava me metendo. Nunca fizera nada assim antes.

Entregamos a cama e toda a roupa de cama nova que eu e minhas filhas havíamos escolhido. Eu estava muito nervosa. Ele se sentou em sua cama nova, alisou os lençóis e sorriu. Então a emoção tomou conta daquele homem, que começou a chorar. A tosse agitava seu corpo magro.

— Obrigado. Muito obrigado. Não sei o que dizer. Eu... eu...

Suas palavras se afundaram em lágrimas. Aquela cama parecia representar uma luz num poço escuro e profundo. Ele olhou para nós com algo que eu chamaria de gratidão confusa. Não sei como descrever de outro modo. Ele nem sequer nos conhecia.

— Tony, querido! O que está acontecendo aqui? — disse Juanita, sua vizinha idosa, do outro lado do corredor, enquanto se aproximava. — Sei que não estou vestida adequadamente para conhecer pessoas, mas quis ver o que estava acontecendo!

Ela viu a cama nova, olhou para Tony, balançou seus cabelos grisalhos e disse:

— Meu amor, eu lhe disse que Deus cuidaria de você. Ele ouviu você; sim, ele ouviu.

Nossos amigos e familiares entraram logo depois: novos potes e panelas, pratos, toalhas, micro-ondas, dinheiro — tudo o que você imaginar! E, além isso, minha irmã Laurie comprou toda a mobília — nada de móveis usados e descartados por alguém, mas tudo novo, combinando móveis com tapetes.

— Laurie — eu disse — fico um pouco aflita por você ter gastado tanto dinheiro. Não o conhecemos bem; ele pode vender tudo, ou alguém pode roubá-lo...

— Quero fazer isso, não importa o que aconteça depois — ela disse com um sorriso no rosto. Amor em abundância.

Outro dia, liguei para ver como estavam as coisas. Tony sempre tinha uma visão positiva das coisas.

— Olha, estou muito bem, muito bem mesmo. Você sabia que amanhã é meu aniversário?

— Tony, vamos fazer uma festa de aniversário! — eu disse.

Minha família compareceu, juntamente com meus pais e até uma amiga da minha filha. Embrulhamos em pacotes coloridos o restante das coisas que as pessoas haviam comprado e levamos um bolo. Tony se sentou no sofá, ladeado por meus pais, e as lágrimas rolaram.

— Nunca tive uma festa de aniversário como esta! Sabe como é, somos catorze irmãos.

Eu não sabia disso. Onde estava a família dele? Pequenos pedaços de sua vida começavam a aparecer.

Enquanto voltávamos para casa, a amiga da minha filha sorriu ao olhar pela janela e disse:

— Este foi o melhor dia da minha vida.

Mais tarde, quando voltei para levar-lhe um pouco de comida, vi que Tony havia pregado todos os papéis de presente na parede.

A saúde de Tony começou a piorar. Ele sentia muita dor no peito e tinha dificuldades para respirar. Liguei para ele na manhã de segunda-feira.

— Fui para o hospital três vezes nesta semana, Tamara. Tive dores terríveis no peito.

— Oh, Tony — eu disse. Senti-me horrível. — Como você conseguiu chegar lá?

— Peguei o ônibus, mas precisei caminhar cerca de um quilômetro até o ponto. Disseram que não encontraram nada e me mandaram de volta para casa, mas não melhorei e voltei outras duas vezes.

Eles nem mesmo o ajudaram a voltar para casa! Fiquei furiosa! No meu mundo, existia uma família e um carro para me levar, e jamais me mandariam de volta para casa naquele estado. No mundo dele, ele estava sozinho e ninguém se importava.

Percebi que ele precisava de alguém para garantir sua saúde, de modo que Tim e eu decidimos intervir. Talvez por causa de seu histórico, talvez pelo fato de estar sozinho, ele continuava a ser tratado como se não fosse digno do respeito e dos esforços dos profissionais da área médica. Ele foi hospitalizado diversas vezes, e nem sei o número de reclamações que fiz ao hospital quando ficava sabendo como ele fora tratado. As enfermeiras sempre perguntavam:

— E quem é você?

Eu me fazia de ofendida e dizia:

— Ora, sou sua irmã mais velha, é claro! Você não vê como somos parecidos? Ele é negro e mede 1,67 metros e eu sou branca e meço 1,77 metros.

Tony piorou. Certo dia, sentei-me ao lado dele enquanto esperava a consulta com o oncologista. Tony estava assustado. Virou-se para mim e disse:

— Por que você está fazendo isso? Você não me conhece de verdade e não sabe as coisas que já fiz.

Sorri e disse:

— Bom, você também não me conhece direito e não sabe as coisas que *eu* já fiz.

— É verdade — ele concordou.

— Acho que estou simplesmente dando ouvidos a Deus, Tony. Ele sabia que você precisava de alguém para estar ao seu lado neste momento e simplesmente amar você.

Tony tinha câncer no pulmão. Não sabíamos quanto tempo ainda lhe restava, e minha irmã sentiu que ele precisava reunir-se com sua família outra vez. Insistimos em que ele ligasse para sua mãe. Ela morava no Mississippi.

— Ah, não quero deixá-la preocupada. Ela tem quase oitenta anos — Tony justificou. Mas a melancolia estava clara em sua voz. Essa foi a primeira vez que ouvimos falar de Lucille, sua mãe.

Meus pais começaram a visitá-lo em seu apartamento e no hospital. Ele os chamava de mama e papa e frequentemente chorava ao conversar com eles por telefone. Acho que ele tinha muita saudade de sua mãe.

Certa noite, por volta das oito horas, ele ligou do hospital.

— O médico está aqui e...

Sua voz falhou e minha garganta apertou quando ele disse: "Não é coisa boa, minha irmã".

Ele tentou rir, mas o riso transformou-se em soluço. O médico pegou o telefone e me disse, sem nenhuma emoção, que Tony estava no estágio quatro do câncer de pulmão e tinha de seis semanas a quatro meses de vida. Fiquei tão irritada que comecei a tremer. Havia pedido ao pessoal do hospital que me ligasse para que eu pudesse estar com ele quando tivessem o diagnóstico. Receber notícias como essa sozinho é ainda mais devastador.

Corremos para o hospital. Para minha surpresa, Tony sorriu, segurou minhas mãos e, dessa vez, os papéis se inverteram: ele me confortou! Chorei muito.

— Sei que você acha que esse médico não tem coração, mas eu precisava ouvir a verdade, e ninguém me diria — Tony falou.

Foi então que percebi quanto realmente amava Tony.

Mais tarde, Tony me disse que, depois de ter recebido aquela notícia, deixou o quarto e desceu as escadas planejando sair pela porta do hospital e desaparecer para sempre.

— Subi as escadas de volta porque lhe disse que estaria aqui e não queria desapontá-la. Se não fosse por vocês, eu não estaria aqui agora.

Ele telefonou no dia seguinte e cantou na minha secretária eletrônica. Deu aquela risada que me fazia rir e então me fez chorar. "Eu costumava cantar no Mississippi Mass Choir", ele disse. Surgiu outro pedaço de sua vida.

Continuamos a pressioná-lo a entrar em contato com sua família. Ele finalmente ligou para sua irmã Cynthia. Minha irmã, com aquele coração grande e generoso, ofereceu-se para pagar a passagem de Cynthia a Denver *e* alugar um carro para ela. Cynthia não fazia ideia de que o irmão estava tão doente. "Não entendo por que ele não ligou antes! Eu teria vindo antes disso."

Tony se distanciara da família por motivos que eles ainda não entendem. Era óbvio que o amavam. Mas, de alguma maneira, a vida o havia ferido profundamente.

Cynthia chegou e, certa noite, no apartamento de Tony, abriu seu coração. "Sabe, tive alguns problemas na coluna e não posso trabalhar, mas senti que havia algo que eu poderia fazer. 'Senhor', orei, 'qual é o meu propósito na vida? O que o Senhor quer que eu faça?' Bem, aqui está a resposta. Devo levar Tony para casa e cuidar dele."

O Serviço de Assistência aos Veteranos pagou a passagem de avião de Tony, e minha irmã pagou a de Cynthia. Assim que Tony foi para casa, soube que nunca mais o veria.

Sua família se reuniu para ver a ovelha que se havia afastado. Seus irmãos e suas irmãs vieram de todos os cantos do país, assim como suas filhas — sim, ele tinha duas filhas e quatro netos! Sua história continuava a se revelar.

Sua mãe nunca o abandonou. Ela me ligou um dia e disse: "Tenho orado por um milagre para meu Tony, e vocês foram esse milagre". Tony morreu no mês de maio. Ele dormiu e não acordou mais, mas morreu junto à família. Não estava mais sozinho.

A família de Tony incluiu a foto de nossa família no programa de seu funeral, juntamente com as seguintes palavras: "Não poderíamos ter tido uma família melhor que vocês para cuidar de nosso amado Tony. Dizer-lhes obrigado não é suficiente! Vocês merecem mais. Que Deus os abençoe e os guarde".

Aproveitei uma chance de derramar meu coração e deixar que um pouco de amor abundante transbordasse, e veja o que aconteceu: uma inesperada história de amor.

Há momentos na vida em que damos uma chance a alguém. Essa decisão faz nosso estômago se contorcer e deixa nossas mãos trêmulas. Não precisamos fazer isso, ninguém ficará sabendo se não o fizermos, e nossa vida seguirá adiante como sempre. Mas, quando começamos a amar não apenas como uma experiência esporádica, mas de maneira abundante, nossa vida é transformada para sempre. Quando amamos com generosidade, recebemos recompensas inesquecíveis. Às vezes, esse cuidado toca não apenas a outra pessoa, mas tem um efeito propagador, criando uma "família ampliada", que se torna uma mostra da verdadeira comunhão que todos nós desejamos ter.

O vexame da batata

Eileen Roddy

— Don, querido — eu disse — você poderia dar uma *olhadinha* nas batatas?

— O que devo fazer? — perguntou meu marido.

Respire fundo, Eileen, seja paciente e fale com doçura, eu disse a mim mesma.

Fiquei feliz por ter resistido ao desejo de perguntar se ele era um bobo.

— Simplesmente dê uma olhada e, quando elas estiverem cozidas, tire-as do fogo e amasse-as — respondi com toda a paciência que pude reunir.

Bastante simples, você não acha?

Nós dois trabalhamos fora, em período integral. Com o passar dos anos, temos tentado negociar a realização das tarefas de casa de maneira justa. Quando um dos dois cozinha (na maior parte das vezes, sou eu), o outro limpa. Don faz a maior parte das compras, e eu cuido das tarefas relacionadas a nossa casa. Ele é o encarregado da manutenção do carro e cuida das contas, eu organizo as férias, e assim por diante. Isso funciona bem para ambos.

Naquele dia, hoje conhecido como "o vexame da batata", eu estava encarregada de preparar a refeição. As batatas estavam quase prontas quando lembrei que precisava ir ao banco antes do fim do expediente.

Quando voltei para casa, trinta minutos depois, o cheiro de fumaça penetrou em minhas narinas sensíveis assim que virei a esquina.

"Alguma casa está pegando fogo", pensei.

Quando cheguei a nossa calçada, meu nariz e meu estômago reclamaram. As janelas e as portas estavam totalmente abertas e, enquanto adentrava, tremi de medo. Havia pedaços de batata espalhados pelo fogão, pela pia e pelo chão.

— Mas o que aconteceu aqui? — berrei.

Minha paciência e simpatia limitadas cruzaram a porta do quintal, totalmente escancarada, onde meus olhos avistaram a panela enegrecida escondida debaixo da recém-derretida cadeira do jardim.

— Por que a cadeira está queimada? — interroguei.

— Bem, porque coloquei a panela em cima dela — respondeu Don.

— Sobre plástico? Sobre *plástico*? — tagarelei feito um papagaio. — Como você pôde ser tão estúpido?

Lá estavam elas — as palavras. Acusei meu marido de ser estúpido. Isso sinalizava que uma discussão *das grandes* estava para acontecer.

As frases giravam pela cozinha e, a essa altura, em maior quantidade que a fumaça.

— Como você conseguiu fazer isso? Não posso confiar em você nem mesmo para fazer as coisas mais simples!

Nos meus relacionamentos, é muito fácil deixar que coisas aparentemente pequenas se expandam de modo desproporcional. Para mim, esse incidente envolvia falta de atenção e de cuidado. Para Don, não era nada de mais; poderíamos comprar outra panela (e outra cadeira de jardim!).

As palavras e frases soltas foram expelidas e assumiram vida própria. Eu *sabia* que precisava dar um tempo e respirar fundo, mas o cheiro presente na cozinha quase me fez vomitar. Eu *sabia* que perder o controle e agir como uma criança não era a solução, mas a inteligência se afastou de mim e se juntou à panela queimada no quintal. Explodi como as batatas. Em meio à fumaça, disse a mim mesma que não poderia ficar em casa com aquele cheiro desagradável.

Dei início a um redemoinho interno.

Estou cansada desse marido que simplesmente não me ouve e deixa tudo para eu fazer.

Por que ele não consegue seguir instruções simples e completar tarefas banais?

É óbvio que cuidar de uma panela com batatas não é ciência espacial!

Quanto mais eu internalizava tudo aquilo, mais irritada ficava. Então, minha função "mártir" se iniciou com toda pompa, coberta pelo manto universal do *nunca* e do *sempre*.

Só porque sou mulher, sempre *termino cozinhando*.

Se eu não cozinhasse, nunca *comeríamos em casa e seríamos ainda mais pobres*.

Não fosse o fato de eu cozinhar, passaríamos fome a maior parte do tempo; ele nunca *cozinha*.

Quando a espiral negativa começava, eu perdia a noção das coisas. Tenho certeza de que uma pessoa mais madura e espiritualmente esclarecida perguntaria: "Você estava numa TPM severa ou sentia algum sintoma de menopausa?", ou "Você tinha vinte e poucos anos quando isso aconteceu?", ou ainda "Estava tomando remédios fortes com efeitos colaterais terríveis?".

Preciso confessar que a resposta a todas essas perguntas é *não*.

Tenho idade suficiente para saber das coisas. O senso comum nunca foi muito comum em minha vida.

Saí de casa furiosa e bati a porta. Dirigi até um lago próximo, estacionei o carro, coloquei a cabeça no volante e dei um grito — um daqueles gritos de assustar os pássaros, agitar a água e estremecer o lago. Então, chorei copiosamente. Há momentos em que o casamento parece ser o relacionamento mais difícil do mundo.

Resmunguei a oração do homem cego, presente nos Evangelhos. Quando Jesus perguntou ao homem o que ele queria, sua resposta foi simples: "Senhor, eu quero ver" (Lc 18:41).

Repeti esse versículo muitas e muitas vezes e, então, acrescentei: "Senhor, que eu simplesmente veja o que preciso fazer e como preciso ser".

Raramente obtenho respostas instantâneas a minhas orações (ou talvez receba, mas demore um pouco até entender).

Voltei para casa e entrei correndo na cozinha. Olhei para o fogão e, então, para meu marido, que cometeu o erro de dizer "Você exagerou".

Palavras acusadoras chiaram entre nós novamente, mas dessa vez lembrei-me de nossa regra de pedido de tempo. Fui para o quarto, fechei a porta e atirei meu ego ferido na cama. Para meu inteligentíssimo marido, a questão era uma estúpida panela queimada. Para mim, tinha que ver com o fato de ele não me ouvir, de não fazer as coisas para mim e de achar que eu deveria fazer tudo.

Tinha que ver com, com, com, controle! *Argh!*

Você não odeia aqueles momentos em que Deus lhe dá exatamente o *insight* que você havia pedido?

Meu marido recuperou o bom senso bem mais rapidamente que eu. Ele bateu na porta do quarto.

— Você quer uma *xicrinha* de chá? — perguntou ele.

Foi aquele diminutivo do meu irlandês nativo, pronunciado com sotaque norte-americano, que me conquistou, bem como o fato de que ele se oferecera *para fazer algo por mim*.

Don se aventurou a entrar com uma xícara de chá e a colocou no criado-mudo. Sua graciosa oferta foi acompanhada por um presente verbal:

— Desculpe-me, querida. Eu não lhe dei ouvidos. Não é comum você me pedir para fazer tanto. Sinto muito. Você pode me perdoar?

Depois de um silêncio de certo modo amuado, olhei para a *xicrinha* de chá e, então, para Don. Segui a trilha que ele havia aberto.

— Eu também sinto muito.

Morram de inveja, Ryan O'Neal e Ali MacGraw. No clássico filme *Love Story — Uma História de Amor*, o tema principal era "Amar significa nunca ter de dizer 'Sinto muito'". Se você ama alguém, automaticamente perdoa qualquer coisa que essa pessoa faça de errado.

Mas parte da minha história de amor envolve dizer "Sinto muito".

O que faríamos sem essas duas pequenas palavras? Elas são especialmente importantes para meu marido. Ele comunica seu amor aos outros e a mim por meio de suas palavras, enquanto prefiro mostrar meu amor fazendo coisas para ele.

Don normalmente me lembrava de que é importante atacar nossos problemas, e não um ao outro. Naturalmente, eu *sabia* de tudo isso. Também sabia que havíamos desenvolvido algumas regras simples de comunicação em nosso relacionamento, tal como usar declarações iniciadas por "Eu..." e pedir tempo quando as coisas ficavam quentes.

Eu sabia que havia bagunçado tudo e que me comportara como uma criança mimada. Aquelas duas palavras aparentemente simples — *Sinto muito* —, combinadas com uma xícara de chá, purificaram o ar para nós dois. Assim que as pronunciei, e depois de saborear alguns goles do meu néctar irlandês, passei para um plano mais racional. Conversamos. Escutamos os sentimentos um do outro. Tão logo concordamos que os dois haviam sido ouvidos e entendidos, oramos juntos.

O clima mudou. Compartilhamos abraços e o jantar — sem batatas.

Como Eileen citou, um dos ditados mais populares da década de 1970 era "Amar significa nunca ter de dizer 'Sinto muito'". Quando perdemos o controle da língua, gostamos de fingir que essa máxima é verdadeira. Gostamos de pensar: "Bem, ela sabe que não tive a intenção". É muito difícil admitir a culpa!

Mas, quando perdemos a calma e nossas palavras ferem, o primeiro passo para a cura é um simples pedido de desculpas.

Algumas palavras sábias do livro mais prático já escrito, a Bíblia, destacam que, se conseguíssemos controlar a língua, seríamos perfeitos e também capazes de nos controlar em todos os outros aspectos (cf. Tg 3:2).

Infelizmente, a maioria de nós está longe da perfeição, dizendo muitas coisas que não deveria — e, em grande parte das vezes, àqueles a quem mais amamos. Quando ferimos os outros com nossa língua, também podemos dar início ao processo de cura por meio de um simples pedido verbal de desculpas.

A mudança

Louise D. Flanders

Nunca pensei que precisaria aprender a amar meu filho Jonathan duas vezes. A primeira vez em que me apaixonei por ele aconteceu durante os nove meses em que ele habitou meu ventre. No momento em que veio ao mundo gritando, vermelho, enrugado e com a cabeça coberta por cabelos negros, ele capturou meu coração de modo tão completo quanto sua irmã fizera sete anos antes.

Aos quatro anos de idade, um sorriso travesso se estampava na face de Jonathan na maior parte do tempo. Ele adorava esconder um pequeno arranjo de flores artificiais atrás dele e tentar surpreender-me. "Eu lhe trouxe flores, mamãe", costumava dizer, agarrando as flores com força e parecendo muito feliz consigo mesmo.

Até quando Jonathan fazia travessuras e eu ou meu marido precisávamos repreendê-lo, ele nunca ficava chateado por muito tempo. Sempre havia felicidade ao seu redor, e ele trazia alegria a nossa vida.

Quando completou cinco anos, Jonathan perdeu peso e passou a ter hemorragia e dor abdominal severa. Temíamos que ele estivesse com câncer, mas o diagnóstico apontou para colite ulcerativa. Seu médico nos advertiu de que nunca vira um caso tão severo numa criança com a idade de Jonathan, mas nos concentramos em agradecer a Deus o fato de ele não ter câncer. Embora não soubéssemos nada sobre colite, presumimos que remédios poderiam restabelecer-lhe a saúde.

No entanto, nossa vida perdeu rapidamente toda noção de normalidade. Jonathan passava mais tempo hospitalizado que em casa e, mesmo assim, continuava piorando. Tanto eu quanto meu marido permanecíamos com ele 24 horas por dia, enquanto tentávamos arrumar tempo para cuidar de nossa outra filha.

Três dias antes de completar sete anos, Jonathan teve uma séria convulsão e entrou em coma. Choramos e nos preparamos para o inevitável. Uma semana se arrastou, depois outra, sem nenhuma mudança. Nossas esperanças ressurgiram quando ele começou a sair vagarosamente do coma.

Logo percebemos que, embora ele conseguisse mexer os membros e reagir à dor, alguma coisa estava profundamente errada. Uma tomografia computadorizada revelou que ele sofrera um derrame, o que causara danos cerebrais permanentes.

Recusei-me a aceitar o fato de que ele nunca se recuperaria. Cantávamos para ele e colocávamos todos os brinquedos favoritos diante dele, na tentativa de estimular sua mente. Buscamos tratamento entre neurologistas, fonoaudiólogos, psicólogos e por meio de oração. Imploramos a Deus que curasse nosso filho. A fala de Jonathan voltou gradualmente, embora no nível de desenvolvimento de uma criança de dois ou três anos, e sua saúde melhorou.

Mas Jonathan havia mudado. Nosso menino alegre e brincalhão de sete anos de idade se transformara numa criança hiperativa e irritadiça de dois anos que não conseguíamos reconhecer.

"Eu odeio você" e "Você é burro e idiota" eram frases que saíam frequentemente de sua boca. Ele nunca sorria e só dizia palavras negativas. Choramos nossa perda como se ele tivesse morrido. De fato, a criança que conhecemos anteriormente havia desaparecido.

Como eu poderia aprender a amar esse hostil estranho que morava em minha casa? Propus-me a devolver-lhe amor todas as vezes que ele se mostrasse detestável. Quando ele gritava, pondo para fora seu veneno verbal, eu o envolvia em meus braços e não o deixava sair até que ele se acalmasse. Procuramos a ajuda de uma psicóloga comportamental e nos comprometemos a seguir suas orientações, por mais difíceis que fossem.

Gradualmente, começamos a ver melhorias. Quando completou oito anos, Jonathan já se havia recuperado o suficiente para voltar à escola e, depois de vários testes, uma comissão decidiu que seria bom que ele frequentasse um centro de educação especial. Apesar de minhas dificuldades, flutuando entre aceitação e negação de seu estado mental, finalmente concordei com a transferência. Essa provou ser a melhor decisão que poderíamos ter tomado.

Shirley, a nova professora de Jonathan, estava determinada a ajudá-lo a aprender quanto sua capacidade mental permitisse. Fazia inúmeros exercícios relacionados ao alfabeto, números e cores, e usava qualquer situação como uma oportunidade de aprendizado.

Mais importante que isso, porém, é que ela o amava e o aceitava — exatamente como ele era. E eu também estava aprendendo a amá-lo novamente.

Inscrevemos Jonathan em competições paraolímpicas. Ele havia demonstrado aptidão para correr, e assim o colocamos num campeonato de corrida. O dia da competição amanheceu ensolarado e quente. O entusiasmo enchia o ar. Quando chegou sua vez, Jonathan correu livre, deixando os outros atletas para trás. Naquele dia, ele ganhou a primeira de suas muitas medalhas de ouro.

O comportamento de Jonathan continuou a melhorar com o passar dos anos. Contudo, a mais bela transformação aconteceu em seu coração. Percebi quão drástica mudança havia acontecido quando entramos certo dia num *drive-thru* para comprar um refrigerante.

No passado, Jonathan sempre gritava pela janela: "Você é boba, idiota e odeio você!".

Naquele dia, porém, ele gritou: "Você é bonita, bacana e amo você!".

As declarações sempre pegavam a jovem atendente de surpresa, mas pelo menos essa fez com que ela sorrisse!

Quando tinha de doze para treze anos, seus professores recomendaram que Jonathan fosse transferido para uma classe de educação especial em uma escola comum. O centro de educação especial foi maravilhoso para ele, mas sabíamos que era hora de voltar para a escola do seu bairro. Passei várias noites em claro com medo de como os antigos colegas de Jonathan o receberiam. Minhas preocupações se mostraram infundadas. Todos o aceitaram e lhe deram boas-vindas. Embora rotulado como portador de "incapacidade mental severa", Jonathan continuou a melhorar.

O ensino médio apresentou outros desafios. Como ele sobreviveria entre tantos alunos andando pelos corredores? E se ele se perdesse? E se os alunos fizessem brincadeiras ruins com crianças especiais?

Mais uma vez, meus temores não se confirmaram. Todos os dias, "colegas ajudantes" levavam Jonathan até a lanchonete, ajudavam-no a comprar seu lanche e se sentavam com ele durante as refeições. Um dos jogadores de futebol brincava de pega-pega com ele no gramado nos dias ensolarados. Até mesmo o elegeram "aluno do mês" e colocaram seu nome na lanchonete!

Chegamos à formatura do ensino médio com sentimentos diversos. Estávamos agradecidos pelo progresso que Jonathan fizera com o passar dos anos, mas apreensivos em relação a seu futuro. Na semana anterior à formatura, recebemos uma carta convidando-nos a participar de uma cerimônia de premiação. Achamos que havia algum erro. Ficamos surpresos ao descobrir que eles haviam dado a Jonathan um prêmio por todas as suas conquistas nos esportes paraolímpicos no decorrer dos anos.

Meu coração se encheu de orgulho na manhã da formatura. Meu filho estava lindo com seu capelo e beca, sentado ali entre os outros formandos. Quando chamaram seu nome, o professor o acompanhou pelos degraus e por entre o palco. De repente, toda a classe se levantou e rompeu em aplausos! Uma salva de palmas em pé para nosso garoto especial!

Naquele momento, com lágrimas correndo pela face, percebi que nunca havia deixado de amá-lo. Ele mudou profundamente quando sofreu o derrame, mas eu também havia mudado. Aprendi não apenas a aceitá-lo exatamente como ele era, mas também a abrir meu coração para aceitar todas as pessoas portadoras de deficiência e olhar além de suas limitações.

Jonathan sempre será meu filho especial, não importa o que a vida nos dê. Eu o amarei para sempre, exatamente como ele é.

As coisas simplesmente acontecem. O inesperado pode ocorrer na vida de qualquer um, a qualquer instante. A maioria de nós tem consciência desse fato — tanto que podemos facilmente cair na armadilha de nos preocupar com todos os "e se" que um dia possamos enfrentar.

Os ansiosos e cuidadosos mais experimentados entre nós pensam até mesmo nos efeitos potenciais que as tragédias podem ter sobre nossos relacionamentos: "Como vou lidar com meu marido se ele ficar inválido?", "Como posso continuar a amar meu filho se ele continuar fazendo escolhas ruins e descer a espiral no rumo que está seguindo?", "Como me sentirei em relação a meus filhos se eles tiverem uma doença que os deixe mentalmente incapacitados?", "O que acontecerá se eu tiver de lidar com a vergonha, a frustração ou a humilhação por causa do comportamento deles?".

Felizmente, Louise nos lembra que, embora as coisas simplesmente aconteçam e tragédias sobrevenham, o amor tem a capacidade de se adaptar. De algum modo o amor é flexível e forte o suficiente para encarar os desafios. Quando enfrentamos situações difíceis, o amor tem um profundo reservatório que não podemos ver, mas do qual ainda podemos beber.

Um simples copo de café

Steven L. Brown

Abri cuidadosamente as cortinas e olhei pela janela do quarto de hotel quente e escuro — queria que nossos três filhos pequenos dormissem um pouco mais. Um branco manto de neve descia para cobrir os carros lá fora, ao mesmo tempo que o sol do inverno começava a iluminar aquele cenário frio e tempestuoso.

Chegamos a Carlsbad, Novo México, na noite anterior, com planos de levar as crianças para uma caminhada pelo cânion McKittrick a fim de ver a folhagem do outono. A tempestade de neve pela manhã cancelaria nossa caminhada, mas ainda poderíamos visitar as cavernas Carlsbad. Uma placa na estrada dizia que a média de temperatura nas cavernas era de "treze graus o ano todo".

Eu e minha esposa embalamos as crianças, todas com menos de dez anos de idade, com seus casacos e calças *jeans*. Os três estavam agitados por causa da neve e ansiosos para ter um dia cheio de aventuras. Após o café da manhã, aconchegamos os três no carro debaixo de um cobertor quente. Cantamos e rimos enquanto seguíamos pela paisagem de inverno até as cavernas.

A neve caía pela estrada principal sem gerar muito acúmulo. Contudo, quando saímos da estrada principal, a neve estava mais alta. Um carro do Parque Nacional se postara à frente do portão que levava à estrada de onze quilômetros até o parque. Três guardas borrifavam água sobre o caminho congelado. Cada um dirigiu-se a um dos carros que estavam a nossa frente, e percebi que alguns dos viajantes frustrados discutiam com eles.

Quando chegou minha vez, um rapaz aproximou-se de minha janela usando um uniforme dos funcionários do parque e uma jaqueta que parecia ser mais adequada aos treze graus das cavernas do que aos três graus negativos que o termômetro marcava naquele momento. Assim como os outros guardas, ele tinha pouco mais de vinte anos. Parecia cansado, com frio e mais do que frustrado. Imaginei que ele se sentia mais confortável com o trabalho normal de responder a perguntas interessantes sobre o parque do que com a atividade de hoje, que era dar más notícias.

— Bom dia, senhor. Sinto muito: a estrada sinuosa que leva ao parque não oferece segurança por causa da neve. A administração bloqueou o acesso pelo menos até amanhã. O senhor pode ligar para o escritório e obter informações atualizadas.

— Obrigado pela informação. Sei que está frio aí fora. Agradeço por se preocupar conosco.

Ele pareceu aliviado.

— Obrigado, senhor. Tenha um bom dia.

Manobrei o carro para voltar ao hotel. No caminho, vi uma cafeteria.

— Que tal um chocolate quente?

— Oba, papai! Que legal!

Assim que entramos na cafeteria, o aroma de chocolate quente e café nos envolveu. As mesas estavam lotadas de famílias vestidas com casacos de inverno, chapéus, gorros e cachecóis. Quando nos sentamos, lembrei que nosso hotel tinha uma piscina aquecida e decidimos que seria divertido nadar ao mesmo tempo que a neve caía no chão.

Olhei para trás, na direção da paisagem fria e nevada, e percebi que estar com minha família, brincando numa piscina aquecida, seria muito mais agradável do que aquilo que os guardas do parque enfrentariam o dia inteiro. Então tive uma ideia.

— Querida, que tal levarmos um pouco de café quente para aqueles guardas?

— Ótima ideia!

Pedi três cafés para viagem e enchi uma bandeja de papelão com pacotes de creme e envelopes de açúcar. Voltamos ao carro e dirigimos até a entrada do parque. Passei a fila de carros e parei perto do portão. Com o café nas mãos, fui até o guarda mais próximo.

— Pessoal, está muito frio por aqui. Achamos que seria bom vocês tomarem um café quente.

Claramente surpreso, ele gaguejou:

— Bom, muito obrigado. Obrigado mesmo!

De dentro do carro, vimos quando ele deu o café a seus colegas e acenou para nós. Ver o rosto alegre deles foi mais agradável que qualquer caminhada.

Enquanto voltávamos para o hotel, conversamos com as crianças sobre o frio que aqueles guardas deviam estar sentindo lá fora. Dissemos que nosso presente lhes traria um pouco de calor e incentivo que poderia durar o dia todo, porque, apesar de sua função importante, muitas pessoas não gostavam do trabalho que eles estavam fazendo, o que dificultava ainda mais a realização daquela tarefa.

Mais tarde, naquele dia mesmo, pensei no conceito de atos espontâneos de bondade. Por que essa tradição é tão importante? Por que é tão gratificante realizá-la? Por que é tão surpreendente para aqueles que dela se beneficiam?

Para ser honesto, preciso admitir que houve momentos em que fiquei tão frustrado — e talvez eu tenha sido *quase* tão desagradável — quanto os turistas que discutiram com os guardas. *Todos nós* vivemos preocupados com nossos próprios problemas. Nossa tendência é ver as pessoas que nos atrapalham como *adversárias*, em vez de enxergá-las como alguém que está simplesmente tentando fazer seu trabalho. Não é de surpreender que as tratemos tão mal e ignoremos seus sentimentos.

Por que optei pela ação mais nobre *desta* vez? Naquele dia nevado de novembro, eu estava com uma disposição diferente, concentrado em minha esposa e meus filhos. Queria que *eles* tivessem bons momentos. Estava agradecido pelos momentos que podíamos passar juntos, embora as condições do tempo tivessem alterado nossos planos. Estávamos em férias e não havia planos muito definidos. Talvez por estar olhando para fora, percebi a humanidade daqueles guardas e senti empatia por seus problemas e sofrimentos. *Eu os vi como pessoas iguais a mim.*

Em muitas ocasiões, vejo as pessoas apenas em seus papéis, como guardas florestais, vendedores, caixas de banco ou qualquer outra coisa. Esqueço que são mães, filhas, irmãos, amigos. A lição que aprendi naquele dia foi que, ao interagir com as pessoas, preciso olhar além de sua função e vê-las como seres humanos iguais a mim, até mesmo amigos. Preciso perceber que elas têm seus próprios desejos, planos, feridas e frustrações. Quero ir até elas e ser um incentivador. Se fizer um bom trabalho ao amar os estranhos, eles podem ser mais amorosos comigo e com os outros, e a vida de todos será enriquecida por causa disso.

Na tarde seguinte, ao voltar para casa, vimos o sol se pondo sobre a neve que começava a derreter. Refletindo sobre nosso final de semana, percebemos que nosso pequeno gesto de servir café aos guardas nos aqueceu tanto quanto a eles.

"*Cada pessoa alcance outra.*"
"*Estenda a mão e ajude alguém.*"
"*A começar em mim.*"
Com o passar dos anos, dezenas de slogans *de* marketing e um número ainda maior de músicas nos têm incentivado a

expressar bondade, compreensão e até mesmo amor uns pelos outros.

Nossos atos não precisam ser gestos grandiosos nem um comportamento fora do comum para fazer diferença no dia de alguém. Podem ser pequenas coisas como um sorriso, uma palavra amigável ou até mesmo um simples copo de café.

Quando criamos o hábito e expressamos esses leves toques de carinho, não apenas transformamos o mundo num lugar melhor, mas também melhoramos nossa própria vida. Tornamo-nos pessoas mais amorosas, e fomentar tal atitude gera uma recompensa maravilhosa.

Tomando leite com uma colher

Doris E. Clark

"Este foi o culto mais maravilhoso de que já participei", disse minha amiga Kathy depois do culto fúnebre de meu marido. "Como você e Duane conseguiram formar uma família tão amorosa e unida?"

Ouvi esse comentário repetidas vezes. Era verdade. Fomos abençoados com uma união de 47 anos, três filhos com casamentos sólidos e oito netos. Todos eles renderam um extraordinário tributo ao homem que tanto amavam.

O que ninguém sabia era como nosso relacionamento tão próximo ficou em escombros numa tempestuosa noite de inverno. Naquela noite percebi que não sentia mais amor por meu marido.

Clique! Clique! Clique! Deixei meu tricô de lado para procurar a fonte daquele barulho irritante. Depois de onze anos de casamento, meu marido estava sentado em frente ao televisor, bebendo seu chocolate com uma *colher*. Sentia uma aversão particular por aquele hábito.

Duane tinha uma razão prática para tomar aquela bebida desse jeito. Obeso, ele poderia facilmente beber dois ou três copos. Usando uma colher, bebia apenas um.

Mas havia mais coisas que me perturbavam, além do barulho da colher batendo no copo. Era difícil conviver com Duane.

Quando ele não me criticava, era comum ficar sentado em silêncio, recusando comunicar-se por longos períodos de tempo.

Ele havia mudado muito desde o final de semana do Dia de Ação de Graças em que nos conhecemos. Caloura da Universidade de Portland, com dezoito anos de idade, eu tinha planos de tornar-me professora e, entre minhas amigas, era a que tinha a menor possibilidade de casar jovem. Aos 22 anos, Duane já tinha um bom emprego e procurava estabelecer-se.

Nosso encontro casual transformou-se rapidamente em romance. Escola e carreira não importavam mais. Ele me pediu em casamento em nosso segundo encontro, e eu aceitei no terceiro. Larguei a escola e nos casamos seis meses depois, em abril.

O casamento não deveria ter acontecido. Éramos muito jovens e impetuosos.

Nossos primeiros anos juntos foram felizes, e três bebês rapidamente se juntaram a nós. Não consigo lembrar-me do momento em que as coisas mudaram, mas enquanto olhava para o pai de meus filhos naquela noite o calor da lenha queimando na lareira não foi capaz de aquecer meu coração gelado.

O divórcio não fazia parte do leque de opções. Ninguém havia tomado esse rumo na minha família ou na dele. Nós dois respeitávamos muito a instituição do casamento, ainda que ela se tivesse tornado uma prisão.

Levantei-me da cadeira e fui até a cozinha. "Oh, Senhor" as palavras brotaram silenciosamente de meu coração "como posso viver mais cinquenta anos com esse homem? Deve haver alguma maneira de melhorar nossa vida."

Reagindo a um desejo repentino, peguei papel e lápis, sentei-me à mesa da cozinha e fiz uma lista dos defeitos de meu marido. Quando terminei, olhei demoradamente para as cinco coisas que eu havia escrito naquela folha. Duas delas de fato não eram nem um pouco atraentes, entre elas sua crítica constante. Fiquei tentando adicionar mais coisas à lista, mas não consegui. Estava sentindo um nojo profundo por seu ato de beber leite com uma colher.

"Não entendo", pensei. "Por que sinto tanta raiva dessas coisas?"

Em outra folha, tomei nota das boas qualidades de Duane. Essa lista era longa e incluía muitas das características que me atraíram nele desde o início: ótimo senso de humor; grande respeito pelo trabalho, o que fez dele um excelente provedor; disposição de colocar a família acima de tudo; um pai maravilhoso; e ele ainda orientava as crianças nos esportes. A lista prosseguia.

"Este homem é maravilhoso", pensei. "Por que sinto tanta animosidade em relação a ele?"

A compreensão vagarosamente encontrou brecha em minha confusão. Meu foco estava tão concentrado nas poucas imperfeições de Duane que cheguei a ponto de não mais enxergar seus traços positivos.

Peguei outra folha de papel e, uma a uma, tomei nota das *minhas* qualidades. Minha lista de pontos positivos era apenas um pouco maior que a lista de defeitos de Duane.

Então comecei a fazer minha própria lista negativa. Escrevi, escrevi e escrevi. Então, escrevi um pouco mais. O lápis chegou ao pé da página, revelando muitas das minhas falhas. Examinei cada uma delas cuidadosamente e percebi que mudanças nessas áreas fariam de mim uma pessoa melhor.

Olhei para as quatro listas a minha frente. Depois de analisar de cima para baixo e de uma página a outra, não consegui escapar da verdade.

"Por que esse homem continua casado comigo?", pensei.

Colocar as coisas em termos de preto ou branco normalmente traz clareza. Ambos estávamos presos dentro de um ciclo de negatividade, um reagindo ao outro. Eu via as sugestões de Duane como críticas e respondia devolvendo na mesma moeda. Ele retaliava de tal maneira que suas sugestões se transformavam em críticas, e isso me deixava ainda mais irritada.

Levei a lista dos defeitos de Duane à sala de estar e, bem na frente dele, joguei-a nas toras que queimavam na lareira. Foi um ato simbólico. Enquanto via o papel dobrar e queimar e os restos desaparecer em cinzas e fumaça, pus fim a todos os pensamentos ligados àquelas coisas que eu havia escrito ali.

Duane não tinha ideia do que eu estava fazendo. Ele ainda estava tomando seu leite com uma colher.

De volta à cozinha, criei um plano de ação e, então, comecei a segui-lo.

Primeiramente, li a lista de boas qualidades de Duane várias vezes e a coloquei na minha carteira. Durante a semana seguinte, li a lista dez vezes por dia e, então, uma vez por dia na semana seguinte. No mês seguinte, passei a lê-la uma vez por semana. Mantive essa lista por anos, relendo-a todas as vezes que trocava de bolsa.

Segundo, concentrei-me em minhas próprias listas. Ao olhar para minhas qualidades positivas, percebi que possuía um fundamento sobre o qual construir. Pus mãos à obra para mudar meu comportamento em relação a cada um dos traços negativos.

Não falei com Duane sobre a experiência que me abriu os olhos. Acho que eu tinha medo de que, se ele percebesse quão justificadas eram suas críticas, talvez me deixasse. Também senti que era mais importante que ele visse as mudanças reais em mim do que simplesmente ouvisse algumas palavras.

Para minha surpresa, logo passei a ter um novo respeito por meu marido, e meu amor voltou mais rico que nunca. Conforme mudei para melhor, Duane passou a me tratar com amor e respeito renovados, e suas críticas cessaram. Nunca entenderei por quê, mas uma semana depois daquela noite, ele parou de tomar seu chocolate com uma colher!

Isso aconteceu trinta e seis anos atrás. Depois desse evento, passamos a desfrutar o amor profundo que surge quando duas pessoas passam muitos anos juntas.

Quando me lembro daquela noite tanto tempo atrás, percebo que meu compromisso com a instituição do casamento me conferiu o desejo de melhorar a relação com Duane. Mas Deus ouviu meu grito de frustração, deu-me a ideia de pegar papel e lápis e ajudou-me a reconquistar o amor que eu perdera por meu marido.

O livro mais valioso que já foi escrito, a Bíblia, nos diz: "Encham a mente de vocês com tudo o que é bom e merece elogios, isto é, tudo o que é verdadeiro, digno, correto, puro, agradável e decente" (Fp 4:8, BLH).

Que conselho valioso para todos nós, em todas as áreas da vida — mas em especial nos relacionamentos! O velho ditado que diz que "A familiaridade dá oportunidade à crítica" tende a ser verdadeiro. Sempre que vivemos ou passamos muitas horas com alguém, não demora muito até que comecemos a ver as falhas na vida daquela pessoa. Se deixarmos, as pequenas falhas tendem a ser aumentadas e, em pouco tempo, podem tornar-se a rachadura no revestimento das nossas relações.

Como Doris descobriu, uma maneira de superar as críticas advindas da familiaridade é colocar os defeitos na perspectiva correta — comparar a gravidade dos elementos negativos na vida de um ente querido com os atributos positivos que aquela pessoa apresenta.

Depois, o truque é fechar os olhos para os fatores irritantes — ignorar conscientemente ou até mesmo queimar a lista — e concentrar-se apenas nos positivos.

Conforme olharmos conscientemente apenas para as coisas boas, não demorará muito até que elas sejam a única coisa que vejamos.

O abraço que nunca esquecerei

Rebecca Willman Gernon

"Você precisa passar a noite com papai", repreendi a mim mesma enquanto seguia pela estrada. "Você sempre fica com seus pais quando vai visitá-los, não na casa da sua irmã."

Meu pai era uma fortaleza silenciosa e impenetrável, escondendo-se por trás de um olhar carrancudo ou de um comentário seco. Durante a maior parte dos meus 35 anos de vida, ignorei ou tentei, sem sucesso, fazer que ele reconhecesse a mim ou as minhas realizações.

Nenhum dos extremos me satisfez. Quando me afastei de meu pai, livrei-me da rejeição face a face, mas ainda desejava relacionar-me com ele. Era comum que, ao me envolver em conversas com ele, suas respostas grosseiras ferissem meus sentimentos. Eu me sentia presa a uma situação impossível de ser vencida.

O relacionamento com minha mãe era muito diferente. Embora morássemos a duzentos quilômetros de distância uma da outra, eu e mamãe compartilhávamos nossos sentimentos por meio de cartas semanais e ligações telefônicas. Mamãe sabia que eu desejava ter um relacionamento melhor com papai, mas não tinha nenhuma sugestão sobre como alcançá-lo. Sua compreensão e seus abraços ajudavam, mas não eliminavam meu desejo de sentir-me mais próxima de meu pai.

Durante toda essa luta, guardei um segredo obscuro, algo que não contei nem mesmo a minha mãe. Embora papai fosse mais velho que mamãe, eu temia que ela morresse primeiro, deixando-me sozinha para lidar com meu pai pouco comunicativo. Meu temor tornou-se real quando mamãe recebeu o diagnóstico de que estava com câncer nos ossos. O prognóstico: três ou quatro anos de vida.

Enquanto eu lidava com a doença debilitante de minha mãe, ponderava sobre e como conseguiria ficar em casa sozinha com meu pai durante as visitas, uma vez que mamãe fora internada numa clínica especializada.

Desse modo, durante a viagem de duas horas para visitar minha mãe, discutia comigo mesma: "Você precisa passar a noite com papai".

"É, mas vou me sentir horrível; ele não me dirá nem meia dúzia de palavras."

"Uma boa filha visita seu pai."

"Talvez, mas ele não é um pai muito bom; ele raramente fala comigo."

Considerei que meu pai havia pagado minha faculdade e a das minhas irmãs, sem jamais pedir que contribuíssemos com nada.

"É, mas papai nunca perguntou o que eu faria depois de formada nem quais eram as minhas notas."

"Nunca tive falta de comida ou de roupas."

"Sim, mas precisei usar as roupas de minhas irmãs mais velhas. Nunca usei a última moda. Papai era muito simplório para deixar que eu me vestisse como as outras meninas."

Pensei no custo de nossas férias de verão, nas quais conhecemos diversos estados, partes do Canadá e uma riqueza enorme de lugares e museus.

"É, mas sempre ficávamos em algum lugar esquisito. Nunca na praia ou nas montanhas."

Todo pensamento positivo que eu tinha era negado por lembranças infelizes. Enquanto eu lamentava meu destino, diversos versículos bíblicos me brotaram na mente, entre eles: "Nós amamos porque ele nos amou primeiro" (1Jo 4:19) e "Cristo morreu em nosso favor quando ainda éramos pecadores" (Rm 5:8).

A profundidade do amor de Deus me impressiona. Ele nos amou quando não éramos dignos de ser amados.

De repente, pensei num *slogan* que usava com frequência ao aconselhar alcoólicos: "Finja até conseguir".

Isso esclareceu o que eu deveria fazer. Trataria meu pai como se ele tivesse sido o pai perfeitamente amoroso que sempre sonhei ter. Independentemente de sua reação, eu deixaria claro que me importava com ele. Não esperaria seu amor; daria o meu amor primeiro.

Naquela noite, eu e papai comemos o jantar que ele havia preparado. Elogiei-o pela refeição. Nenhuma resposta.

Depois do jantar, limpei a cozinha e, então, juntei-me a ele na sala de estar. Sentamos cada um num canto da sala lendo em silêncio nossa parte do jornal. Às dez horas, ele anunciou que ia para a cama e pediu que eu apagasse as luzes.

Na manhã seguinte, eu planejava ir visitar mamãe na clínica e depois ir direto para casa. Papai me acompanhou até lá fora. Antes de entrar no carro, coloquei meus braços ao redor dele. "Tchau, papai. Eu te amo."

Não fiquei com farpas nas roupas, mas abraçá-lo era como apertar um poste de madeira. Seus braços nunca se separavam de seu corpo.

Várias semanas depois, no Dia dos Pais, eu estava sem vontade de ligar para meu pai, mas disse a mim mesma: "Aja como se tivesse o melhor pai do mundo".

Desejei a meu pai um feliz Dia dos Pais e perguntei sobre sua horta, um assunto que sempre gerava alguns comentários. Ele falou que queria colher alguns rabanetes e levar para mamãe na clínica, que precisava espantar os coelhos que espreitavam o pé de ervilhas e que estava prestes a colher alguns aspargos.

— Eu te amo, papai — eu disse, no final da conversa.

— Tchau — ele respondeu.

Ainda naquela semana, liguei para mamãe. "Seu pai me disse que ficou feliz por você ter ligado para ele no Dia dos Pais", ela contou.

"Mas por que ele não disse isso para mim?", pensei.

Nos nove meses seguintes, enquanto o câncer de mamãe devorava seus ossos, prossegui em minha demonstração de amor unilateral a papai. Em março, juntei-me a ele para comemorarmos nossos aniversários, que ocorrem com uma diferença de dez dias. Olhei para sua coleção de cartões de aniversário que estava sobre a lareira.

— Você recebeu um cartão da Francine? — perguntei. Minha irmã mais velha havia esquecido meu aniversário. — Ela não se lembrou mesmo do meu aniversário.

— Mas o que é um cartão? — papai respondeu. — Nada mais que um pedaço de papel.

— Eu sei, papai, mas...

— Eu disse isso apenas para você não se sentir tão mal.

Fiquei surpresa diante da explicação dele. Sempre achei que papai não tinha sentimentos, uma vez que não os expressava, mas debaixo de sua fachada de pedra ele tinha emoções e estava preocupado com as minhas. Agora, eu era a pessoa muda.

Meses depois, em outra visita, eu disse a papai:

— Sabe, fico feliz porque o senhor pagou minha faculdade. Obrigada, papai.

Ele se afastou de mim e disse:

— Nunca achei que fosse viver o suficiente para ouvir alguém me agradecer.

Durante toda a minha vida desejei seu amor e reconhecimento, e agora percebi que ele ansiava pela mesma coisa.

Papai saiu da sala e pensei nas tantas vezes em que ele fizera algo especial por mim: comprar casquinha de sorvete com cobertura de chocolate na lanchonete Dairy Queen, um tratamento especial que somente nós tínhamos; dar-me um pula-pula no Natal, um presente que eu não sabia como usar, mas que ele me mostrou como funcionava, o que nos fez rir muito; comparecer a minhas peças de teatro e apresentações na escola; compartilhar seu amor pela jardinagem; montar seu telescópio para mostrar-me as crateras da Lua; fazer uma arapuca para pegar vaga-lumes. Quantas vezes agradeci por essas coisas? Não o suficiente.

Tendo estudado psicologia na faculdade, sabia da importância de sentir-se aceito. Como era triste ver que, aos oitenta anos de idade, meu pai — um bem-sucedido engenheiro químico e uma das pessoas mais inteligentes que já conheci — era incapaz de dar ou receber amor livremente.

Meu plano de tratar papai com se ele fosse o melhor pai do mundo redundou em sucesso, apesar de minha motivação egoísta. Papai de fato *era* o melhor pai do mundo. Ele me deu tudo o que tinha para dar: seu amor por jardinagem, uma mente investigadora e educação e habilidades para ser autossuficiente.

Seis meses depois, mamãe faleceu. Continuei a fazer minhas ligações semanais a papai e a visitá-lo diversas vezes por ano nos quatro anos seguintes. Cada vez que o visitava, eu o abraçava e dizia que o amava e, como sempre, ele permanecia rígido, sem dizer nada.

A última vez que o visitei, pouco antes de ele morrer devido a um ataque cardíaco, ao abraçá-lo seu braço direito moveu-se de seu lado e bateu nas minhas costas. Então, ele rapidamente colocou seu braço de volta junto ao corpo. Aquele pequeno tapinha aconteceu quinze anos atrás, mas ainda me lembro da sensação de sentir um abraço do melhor pai do mundo.

A natureza humana frequentemente nos impele a olhar para as pessoas de nossa vida e chorar. "Mas você não se importa. Só posso amá-lo se você me amar." A tendência da natureza humana é afastar-se e esperar para dar até que estejamos certos de que receberemos benefícios em troca da dedicação de nosso tempo e esforço.

Mas quão contrário à natureza humana é o verdadeiro amor! Quando desejamos que alguém mude, às vezes o melhor passo é dar o primeiro passo: agir não de acordo com o modo como as coisas são, mas da maneira como gostaríamos que o relacionamento fosse. Num relacionamento, optar por ter fé é sempre um risco. Contudo, o mais comum é que, quando nos dispomos a dar o primeiro passo, as mudanças aconteçam — em nós e naqueles de quem desejamos estar próximos.

Entre riachos e rodas-gigantes

Sheila Farmer

Assim que o sol nasceu, tentei ler, mas me perdi diversas vezes, voltando sempre à mesma frase. Em vez de me concentrar nas palavras, minha cabeça repetia a frase *Como ele pôde?!*

A poucos passos do carro, meu marido continuava lançando a linha na direção do lago, em perfeita paz.

Uma névoa fina caía do céu enquanto pássaros, patos, sapos e grilos entoavam uma maravilhosa melodia, combinando perfeitamente suas "vozes". Até mesmo o ruído ocasional produzido por alguns peixes se encaixava na harmonia.

Marvin olhava para aquele quadro de serenidade, sentado à beira do lago, com a vara de pescar esticada. Enquanto eu estava aborrecida no carro, ele tinha a audácia de se divertir, sem perceber quão mal eu me sentia.

Isso aconteceu no início de nosso casamento. Transformar nossa união numa realidade estava mostrando-se um enorme conto de fadas. Estávamos em Split Rock, nas montanhas Pocono, um dos lugares mais surpreendentes e românticos que já vi.

O cenário me fez imaginar que todas as histórias de amor que eu já tinha lido, todos os filmes românticos a que já havia assistido, se tornariam realidade, tendo eu e meu marido como os atores principais. Eu imaginava nós dois de mãos dadas, fazendo longas caminhadas, acariciando-nos e simplesmente esquecendo o mundo. Queria experimentar a paixão e a proximidade de um casal tão profundamente apaixonado que poderia até trocar de pele e, ainda assim, não estaria próximo o suficiente.

Infelizmente, essa não era a mesma ideia que meu marido tinha em mente para a viagem. Naquele aniversário, eu ainda não havia descoberto a liberdade individual nem as atividades compartilhadas.

Com o passar dos anos, aprendi sobre compromisso, o dar e receber mútuo que faz que uma relação funcione. Uma das lições mais pertinentes foi aprendida na primeira vez em que eu e Marvin levamos nossos filhos a Ocean City, Maryland, uma famosa cidade litorânea.

Eu gostava muito de levantar cedo e caminhar pela praia. Todos os sons, das ondas batendo até as gaivotas guinchando, me alegravam demais. Eu ficava assistindo ao mar ganhar vida com o nascer do sol. Os golfinhos nadavam em seu pequeno tanque como se estivessem acompanhando minha caminhada. À distância, um enorme navio de cruzeiro seguia por aquilo que parecia ser a esquina da terra.

Eu não estava só em minha jornada matinal: outros pássaros madrugadores haviam chegado para começar a pescar, enquanto jovens casais se abraçavam à medida que o sol se levantava.

Mais tarde, naquele mesmo dia, acompanhei as crianças enquanto elas corriam na direção do oceano. Eu caminhava rapidamente, pois a areia quente queimava meus pés.

— Vamos, mamãe! — as crianças gritaram conforme entravam na água.

— Está fria? — gritei em resposta.

— Não, mamãe. A água está ótima. Entre!

Enquanto eu pisava na água gelada, prendi a respiração. Quanto mais fundo ficava, mais as ondas tentavam jogar-me para fora; o frio mandava ondas de choque por todo o meu corpo. Depois de alguns momentos típicos de mãe, sentei-me na praia, desfrutando a maresia enquanto o sol me cozinhava ou as crianças me enterravam na areia.

Depois de um longo dia aproveitando o sol, tomamos banho, trocamos de roupa e fomos passear no calçadão à beira-mar, juntamente com milhares de outros turistas. O ar quente, misturado ao cheiro de pipoca e algodão-doce, se espalhava por 27 quarteirões. Risadas, conversas e música enchiam o ar. O céu noturno era iluminado pelas luzes de um desfile festivo. A sensação cálida e aconchegante de caminhar de mãos dadas com o amor da minha vida despertou o desejo de estar ainda mais perto dele.

Virei-me para Marvin, esperando encontrar a mesma sensação de deleite em seu rosto. Em vez disso, percebi que ele estava franzindo a testa, com as sobrancelhas enrugadas debaixo de seu boné de beisebol.

— O que foi? Alguma coisa errada? — perguntei.

— Não, nada — ele respondeu.

As crianças estavam nas alturas, aproveitando o melhor do mundo infantil: sanduíches, salgadinhos, doces, brinquedos, jogos e prêmios. Shawn e Shannon faziam o barulho que queriam. Meu marido, porém, sofria em silêncio, tudo em razão de seu compromisso e da felicidade de sua família.

Eu sabia que Marvin preferia dormir ou pescar nas férias em vez de caminhar pela praia antes do nascer do sol. Sabia que ele não gostava de calor e por essa razão às vezes não ia conosco à praia. No entanto, eu não sabia quanto Marvin realmente odiava férias à beira-mar.

Naquela viagem, aprendi que ele detestava sentir a areia na pele. Dez minutos depois de uma pequena partícula de areia ter tocado sua pele, ele implorava por um chuveiro. Quanto ao calçadão, compartilhar um pequeno espaço com centenas de estranhos não era exatamente o que lhe alegrava a vida.

Ele gosta de pescar na água fresca por longas horas, e eu gosto de caminhar longos trajetos. Eu podia pescar um pouco, e ele podia andar um pouco, mas nenhum dos dois suportava a atividade que pouco apreciava por um longo período. Para ele, uma caminhada longa era ir até a caixa de correio, de modo que andar 27 quarteirões ombro a ombro com outros turistas deve ter sido o equivalente a uma maratona de pescaria para mim: a morte.

Fiquei surpresa diante dessa revelação, pois embora não parecesse confortável na praia ele certamente não mostrou o pesar que eu demonstrara nas montanhas alguns anos antes.

Olhando para Marvin naquela nossa viagem, descobri que amar pode significar o sacrifício de suas preferências em favor dos outros. Dar e receber não é tão ruim se as duas partes contribuírem.

No espírito de compromisso, aprendi até mesmo a gostar de uma parte do mundo de Marvin que, de outro modo, eu não teria sequer tentado. Todos os anos, renovo minha licença de pesca e gosto das viagens que fazemos para pescar nos lagos da região. É comum eu assistir junto com Marvin aos programas sobre caça e pesca que passam na televisão. Cheguei a ser aprovada no curso de segurança em caça para que pudesse acompanhá-lo nesse tipo de programa.

Na última temporada, ele me levou a uma caça ao peru. A primeira coisa que aprendi foi que levantar às três horas da manhã é muito difícil, até mesmo para um pássaro madrugador como eu. Mas, assim que vesti minha roupa de camuflagem e comecei a seguir meu marido no bosque, achei tudo aquilo estimulante e relaxante.

Caminhamos lentamente e em silêncio a um lugar que meu marido havia explorado antes e que conseguiu encontrar mesmo no escuro. À medida que o mundo ao nosso redor despertava, sentamos quietos em dois pequenos assentos triangulares numa cabana improvisada. Meu marido pegou uma pequena caixa de madeira, uma vareta e raspou várias vezes, fez uma pausa e depois raspou de novo.

O som agudo penetrou em meus ouvidos e ecoou por toda a floresta. Então, um som bem fraco respondeu. Com a coluna ereta e os lábios ajustados, Marvin fez um chiado bem alto com o apito para chamar perus. Silêncio. Então, um som semelhante retornou. Marvin respondeu com o mesmo tom e ritmo.

O guincho soava cada vez mais próximo em razão da comunicação entre Marvin e o peru. Eu estava na beira do meu assento, contendo a respiração, sentindo como se uma linguagem desconhecida estivesse sendo falada.

Olhei para meu marido, e seus olhos brilhavam com o mesmo prazer que demonstrei na praia. Estávamos no mundo dele, e ele estava alegre com a minha companhia, assim como eu ficava quando contava com ele na praia.

A maioria das pessoas que me conhece não acreditaria que eu, com todo o meu medo de aranhas, pudesse ficar sentada na floresta numa caçada. Mas esse é o poder do compromisso inspirado pelo amor: quando damos e recebemos, o inacreditável se torna possível e até mesmo agradável.

Em nossas fantasias idealistas sobre relacionamentos, às vezes presumimos ou esperamos que os outros tenham os mesmos objetivos e prazeres que nós. Por causa disso, é chocante descobrir que algo que faz nosso coração bater mais acelerado — como caminhar pela praia — seja uma tortura para a pessoa com quem nos importamos!

Quando nos conscientizamos dessas diferenças, enfrentamos escolhas. Nos relacionamentos, algumas pessoas simplesmente correm atrás de seus próprios interesses, dando aos outros a liberdade para seguir por caminhos distintos. Uma dose desse tipo de comportamento pode ser recomendável. Em contrapartida, porém, pode levar cada um a fazer apenas o que lhe agrada — e isso pode acabar gerando problemas num casamento.

Como Sheila e Marvin descobriram, o compromisso pode fazer toda a diferença. Há momentos em que cada um sacrifica suas preferências até certo ponto para agradar o outro. As pessoas procuram saber quais são os interesses do outro e participar o suficiente para entender a alegria que a outra pessoa sente ao realizar aquela atividade. O foco não é fazer algo que odiamos, mas ceder um pouco aqui e ali, ser flexíveis e compreensíveis e mostrar disposição de apoiar o outro.

O compromisso no relacionamento não é apenas um bom objetivo, mas algo necessário para que o relacionamento cresça e se desenvolva.

A menina que mudou minha vida

Laurie A. Perkins

Não dei muita atenção quando novos vizinhos se mudaram para a casa ao lado, uma vez que as árvores e a cerca viva faziam separação entre nossas propriedades rurais. Mas não demorou muito até que eu notasse as crianças... uma em particular.

Eu e meu marido não temos filhos e, por muitos anos, nossa vida girava apenas em torno de nós dois. Quando me aposentei de meu trabalho na biblioteca pública, fazia tudo o que queria, quando queria.

Certa tarde, enquanto cuidava do jardim em frente à cozinha, ouvi uma voz atrás de mim.

— Você quer brincar comigo?

Virei-me e vi uma linda menina de cerca de quatro anos de idade. Ela usava um vestido florido e estava descalça. Parte de seu cabelo castanho estava afastado de seu rosto, preso por um elástico. Quando ela se moveu, o restante caiu sobre suas bochechas parecidas com as de um esquilo.

— Estou ocupada.
— Eu sou a Libby.
— Sou a sra. Perkins.
— Você quer brincar comigo?
— Como você chegou aqui?
— Vim de lá.

Ela apontou para uma abertura debaixo das árvores ao redor dos meus lilases, que formavam um caminho perfeito ligando o jardim de sua casa a nosso quintal.

— Sua mãe sabe que você está aqui?
— Ela disse "Vá brincar lá fora". Você quer brincar comigo?

Eu estava irritada. Tinha tanta coisa para fazer!

— Do que você quer brincar?
— De casinha!

Tirei as luvas e segui a garota, caminhando por baixo dos pinheiros que dividiam nossas propriedades. Ela conversava o tempo todo, dizendo onde deveriam ficar a sala de estar e a cozinha. Ela queria ser a mamãe, e eu seria sua filha pequena.

— Preciso voltar ao trabalho — disse-lhe finalmente, indo embora por entre as árvores. Eu sentia calor, estava toda suada e tinha agulhas dos pinheiros no meu cabelo.

— Acho que também é hora de você voltar para casa.

Achei que aquilo seria o final da história. Estava errada. Aquele foi o início de visitas diárias, sempre sem aviso prévio.

Eu estava cozinhando e ouvi um punho pequeno batendo na porta da cozinha. Respirei fundo e me virei.

— O que você está fazendo?
— Cozinhando.
— Posso ajudar?
— Não.
— Por favor. Posso mexer alguma coisa?
— Por que você não ajuda sua mãe a cozinhar lá na sua casa?
— Ela está trabalhando.
— E quem está cuidando de você?
— A babá.
— Tudo bem — respondi, balançando a cabeça em sinal de aborrecimento. — Mexa isto — e entreguei-lhe algo que ela não conseguiria derrubar.

Todos os dias, quando ouvia um ruído, ficava tensa... prestando atenção. Será que conseguiria continuar aquilo que estava fazendo ou seria interrompida? Cada vez que eu saía para trabalhar no quintal ou no jardim, olhava pela janela antes para ter certeza de que ela não estava por perto e, então, corria para o jardim, escondendo-me para não ser encontrada.

Quando eu a ouvia dizer "O que você está fazendo?", perdia todo o ânimo, pois sabia que teria de parar o que estava fazendo. Depois, eu me sentia culpada e pedia a Deus que me perdoasse por minha atitude ruim. Ficava dizendo a mim mesma: "Essa menina é mais importante que as minhas tarefas. Por que sou tão egoísta com meu tempo?".

Então, certo dia, ela descobriu que eu gostava de contar histórias.

— O que você está fazendo?
— Lendo.
— Você pode ler para mim?
— Você não vai gostar do meu livro.
— Você me conta uma história?

Coloquei meu livro de lado.

— Que tipo de história?
— Uma história sobre mim e... — ela hesitou um pouco e, então, acrescentou — e você.
— Era uma vez uma menininha que tinha uma amiga. Elas viajavam pelo mundo inteiro com seus colegas animais, o Macaco e a Águia.

Meu coração se abriu um pouco mais para a garota conforme ela me ouvia atentamente.

A história de Libby, sra. Perkins e seus amigos animais nunca tinha fim — sempre havia novas aventuras dentro de cavernas, em ilhas e perto de vulcões ao redor do mundo. Nós nos sentávamos no meu balanço, e eu perguntava: "Muito bem. Onde paramos?".

Ela sempre sabia. E eu apreciava muito esses momentos que passávamos juntas.

Quando Libby começou a ir à escola, suas visitas passaram a acontecer no período da tarde. Meu marido instalou uma campainha sem fio perto da porta da cozinha exclusivamente para que ela utilizasse. Certo dia, mostrei como ela poderia mudar o tipo de som que a campainha fazia. Nunca sabia qual toque esperar, uma vez que um deles era idêntico ao da porta da frente. Nós duas finalmente decidimos que o som do Big Ben seria seu toque musical perfeito.

Numa tarde, Katie, irmã de Libby, correu pelas árvores para perguntar se eu sabia onde Libby estava.

— Não. Por quê?

— Ela ficou brava e foi embora. Você pode me ajudar a encontrá-la?

— Sua mãe está em casa?

— Não. Eu deveria estar cuidando de Libby, e nós brigamos.

— Que caminho ela seguiu?

Libby estava descalça e correra pelo quintal de vários vizinhos. Segui Katie pelos quintais, e começamos nossa busca.

— Lá está ela! — disse Katie, apontando para uma pequena silhueta entre duas casas.

— Libby! — gritei. Ela correu, fugindo de nós.

Chamei-a mais uma vez e corri atrás dela. Quando finalmente a alcançamos, a menina estava chorando.

— Libby, estávamos preocupadas com você. Vou levá-la para casa.

— Não quero ir para casa.

— Sinto muito, Libby — disse Katie ao chegar aonde estávamos. Ela abraçou a irmã.

Inclinei-me para olhar diretamente nos olhos de Libby e segurei suas mãos.

— Libby, da próxima vez que você tiver vontade de fugir..., fuja para minha casa.

E assim ela fez. Esse foi o início de vários anos de fuga para minha casa, às vezes em lágrimas. Nós nos sentávamos na sala de estar, e ela me dizia por que estava irritada ou triste.

— Minha amiga tem uma madrinha — disse-me ela um dia.
— Você quer ser minha madrinha?

Meu coração derreteu.

— Sim, é claro!

Nenhuma de nós duas sabia o que estava envolvido nessa questão, uma vez que nossas famílias não tinham padrinhos. Mas ambas sabíamos que se tratava de uma promessa especial feita uma à outra.

Posteriormente, quando o Big Ben soava, eu estava pronta para largar o que estivesse fazendo e ver o que o dia me reservava. Sempre nos despedíamos com um abraço.

— Você está quase da minha altura — eu lhe dizia.

— Estou apenas na altura do seu ombro, mas logo chegarei ao seu queixo.

Não seria difícil para ela realizar esse objetivo. Tenho apenas um metro e meio de altura.

— Alcancei seu queixo! — ela exclamou um dia. — Ficarei mais alta que você!

Em pouco tempo, já olhávamos nos olhos uma da outra. Antes que eu pudesse perceber, ela olhava para mim de cima para baixo. Havia alcançado seu objetivo.

Os momentos que passávamos juntas incluíam visitas à sorveteria local e brincadeiras com jogos. Nosso jogo de tabuleiro favorito era o Ludo, que jogávamos na velocidade de um raio.

Celebrávamos festas juntas. O Natal e a Páscoa eram nossas favoritas. Costurei uma enorme meia de Natal para ela, com um bordado de seu animal favorito — um porco. Todos os anos, eu preenchia aquela meia com seu chocolate favorito. Comprávamos presentes de Natal uma para a outra num sábado, almoçávamos, íamos para casa e embrulhávamos os presentes. Algumas horas depois, ela voltava, e tínhamos nossa própria festa de Natal, com doces típicos, chocolate quente e troca de presentes.

Na Páscoa, eu enchia uma cesta e a escondia na sala de estar para que ela a procurasse. Então, uma de cada vez, escondíamos os ovos de plástico cheios de presentes.

A cada ano, ela ficava mais ocupada com a escola, os amigos e a família. Em vez de vê-la todos os dias ou tardes, passamos a nos encontrar uma vez por semana ou menos. Marcávamos momentos especiais juntas. Íamos a uma praia do Maine onde ela nadava numa água congelante, desfrutando cada minuto, enquanto eu tremia, esperando-a na praia. Em outra ocasião, fomos ao Maine para explorar um antigo forte e tomamos *sundaes* em Goldenrod, em York Beach.

Outros momentos especiais aconteceram em minha casa.

— Sra. Perkins, podemos preparar uma refeição juntas e nos vestir como se fôssemos a um jantar chique?

Que ideias maravilhosas surgiam de sua mente! Passamos a tarde toda pesquisando meus livros de receitas, decidindo o que preparar. No dia marcado, nós nos encontramos em minha cozinha.

— Aqui está seu avental, Libby.

Ela vestiu o avental azul-marinho com listras brancas por sobre a cabeça. Peguei meu avental vermelho listrado, e começamos a trabalhar.

— Quero preparar a sobremesa — ela insistiu. Eu comecei a preparar o prato principal.

Libby arrumou os pratos sobre minha toalha de mesa rendada, colocou velas nos cantos da mesa e arranjou margaridas em um vaso.

— É hora de nos vestirmos — eu lhe disse.

— Volto daqui a pouco — Libby respondeu enquanto saía correndo da cozinha. Coloquei um vestido marfim com um laço e um longo colar de contas brancas no pescoço. Consegui encontrar meu leque antigo. Ela voltou usando um vestido liso branco e um colar cor-de-rosa.

Abanei meu leque.

— Minha cara, por favor, queira assentar-se.

Ela aceitou, com o queixo voltado para cima e um movimento de cabeça.

— Obrigada.

Foi uma das refeições mais elegantes de que já participei em toda a minha vida.

Pouco tempo depois de nossa maravilhosa refeição, Libby teve outra ideia. Entrou com o braço cheio de panos velhos, retalhos de tecido e um pedaço de papel com o esboço de uma saia.

— Você pode me ajudar a fazer esta saia? — ela perguntou, apontando para o esboço. — Podemos cortar qualquer um destes panos.

— Foi você quem fez esse esboço?

— Hã-hã. Quero uma igualzinha ao meu desenho.

— Sem um molde? — disse. Eu estava sendo requisitada mais uma vez.

— Com certeza!

Sua atitude positiva me desafiava. Achei algumas folhas grandes de papel, e desenhamos sua saia do tamanho da folha. Pouco depois, ela estava cortando tecido, e eu estava costurando. Libby foi para casa naquele dia usando a saia da sua imaginação.

Quando Libby foi para a faculdade, sua família se mudou. Eu não via mais uma menina descalça caminhando por entre as árvores. Suas visitas não eram mais frequentes. Se ela voltava para casa nas férias e não me visitava, eu ficava desapontada. Às vezes eu me sentia tentada a ligar para ela e dizer: "Você quer brincar comigo?".

Recentemente andei pela casa arrumando as coisas e limpando a mesa de jogos. Peguei a velha caixa do Ludo, olhei para a agora desbotada tampa amarela, manchada pelas mãos sujas, com os cantos remendados por fita adesiva. Todas as peças do jogo estavam dentro da caixa. Coloquei-as sobre a mesa. Fazia quase um ano que não nos víamos.

A expectativa foi angustiante. Pulei quando a campainha tocou e subi as escadas correndo. Abri a porta rapidamente, ciente de que tinha um sorriso bobo no rosto, mas era inevitável. Olhei para ela com imenso amor. Como ela estava bonita em seu vestido de verão e com seus longos cabelos castanhos. Agora, ela era um palmo mais alta que eu.

— Olá, Libby!

— Oi, sra. Perkins!

Abraçamo-nos, e levei minha afilhada de 21 anos pelas escadas para desfrutarmos um momento especial juntas... e uma partida de Ludo.

Às vezes, o amor vem em pacotes inesperados, surge em lugares surpreendentes e até mesmo em horas inconvenientes. Podemos ser tentados a reagir com impaciência, frustração e até mesmo indelicadeza. Mas essas não são as reações de um coração gentil.

Como Laurie descobriu, talvez um dos segredos para encontrar uma afeição duradoura seja simplesmente ter disposição... disposição para aceitar as interrupções e as intromissões. Mantendo nossa mente e nosso coração abertos às possibilidades de um relacionamento, podemos receber presentes e bênçãos que jamais consideramos serem possíveis de alcançar. Quem sabe? Podemos até mesmo descobrir que nossa vida foi maravilhosamente transformada.

Os opostos se atraem — e depois?

Emily Osburne

Meu marido admite que começou a ter dúvidas sobre nosso casamento assim que a limusine deixou a igreja em direção à recepção. Nosso motorista decidiu fazer o caminho mais bonito até o clube de campo, e eu fiquei furiosa, preocupada com os convidados que estavam esperando para começar o jantar.

Durante aquilo que deveria ter sido um dos momentos mais felizes de minha vida, estava no meio de uma montanha-russa emocional que meu marido tentava desesperadamente consertar. Clay, sempre calmo e equilibrado, pediu que eu relaxasse, mas meu temperamento irlandês estava fora de controle naquele instante.

O fato é que Clay e eu passamos muito tempo durante nosso primeiro ano de casamento tentando manipular um ao outro para que agíssemos e reagíssemos de maneiras que considerávamos apropriadas. Clay queria que eu fosse mais racional, enquanto eu desejava que ele tivesse uma cabeça mais aberta e um comportamento mais espontâneo. Talvez seja verdade que os opostos se atraem, mas o que eles devem fazer depois que se casam?

Sou uma irlandesa esquentada, criada por uma mãe teimosa e um pai afetuoso. Nossas reuniões familiares consistiam em debates acirrados. Todos os netos, primos e amigos enchiam a casa com risadas e conversas em alto volume. Então, havia o *grand finale*, quando todos se reuniam em volta do piano até as três horas da manhã.

Em contrapartida, a família de Clay é muito mais estruturada. Seus pais são educados e corteses, e Clay foi ensinado a ser respeitoso o tempo todo. São pessoas sensíveis, lógicas, que dormem cedo e acordam cedo, saudáveis, ricas e sábias.

Durante nosso namoro, Clay apaixonou-se por minha criatividade e energia. Ele foi atraído por minha atitude positiva e apreciava o fato de que eu sempre via o melhor nele. Do mesmo modo, fiquei impressionada com sua inteligência e seu comportamento gentil. Ele era o tipo de pessoa em quem eu poderia confiar completamente, e eu tinha uma sensação de estabilidade quando ele estava comigo. Parecíamos um casal perfeito.

As diferenças que nos atraíram durante o namoro transformaram-se em fonte de estresse durante os primeiros dias de nosso casamento. Lembro-me de uma enorme discussão que começou por causa do controle remoto. Na família de Clay, seu pai era o Rei Todo-poderoso do Controle Remoto. Filhos e netos sabiam que, se vovô estivesse assistindo à televisão, todos deveriam assistir ao que ele estava assistindo.

Na minha família, todos entravam na briga sobre o que assistir, e normalmente ganhava a pessoa que gritava mais alto. Mamãe defendia o noticiário político, papai queria ver esportes, meu irmão e eu implorávamos para ver os seriados. A cada noite, um dos membros da família poderia ganhar a briga de gritos pelo controle da televisão.

Com apenas dois meses de casamento, comecei a notar que Clay controlava a televisão, e eu não achava aquilo justo. Então, o que fiz? Defendi minha posição sobre o controle remoto naquela noite. "Este é o meu programa favorito, passa apenas uma vez por semana, e não o vi desde que nos casamos!".

Clay respondeu calmamente que os Braves estavam jogando e continuou assistindo ao jogo. Ele não fazia a menor ideia da fúria que estava prestes a ser despejada naquele instante. Eu já havia participado das mais sérias brigas de gritos na minha família e aprendera com os melhores. Fiz um discurso barulhento, com o coração e a paixão de um candidato político no dia anterior às eleições.

Clay ficou ali, totalmente chocado, pego de surpresa por meu ataque. Ele não estava acostumado àquele tipo de discussão. Sentia que uma explosão emocional desse tipo era desnecessária. Respondi com uma fala do filme *Jerry Maguire*, dizendo: "Você acha que estamos brigando; acho que estamos finalmente conversando!".

Nossos padrões de comunicação eram tão diferentes que não sabíamos como seguir adiante no casamento.

Felizmente, Clay e eu tínhamos alguns traços importantes em comum. Ambos estávamos profundamente determinados a desfrutar um longo e agradável casamento, e éramos obstinados nessa busca. Lemos todos os livros disponíveis sobre casamento. Tomamos a decisão de não mudar um ao outro, mas, pelo contrário, buscar a compreensão. Não aconteceu da noite para o dia, mas começamos a valorizar um ao outro e a apreciar o modo como Deus nos havia criado.

O que Carl Gustav Jung disse é verdade: "Tudo o que nos irrita em relação aos outros pode levar-nos a uma melhor compreensão de nós mesmos". Conforme eu e Clay lutávamos para nos identificar um com o outro, fomos desenvolvendo uma forte consciência de nós mesmos e de nossos pontos fortes.

Fizemos o teste de tipos de personalidade de Myers-Briggs, o teste dos dons espirituais e o teste das linguagens do amor num esforço de valorizar nossos próprios pontos fortes e os do outro. No processo de examinar nossas diferenças, descobrimos mais sobre nosso propósito pessoal na vida. Foi surpreendente saber que também tínhamos muitas coisas em comum. Ambos gostamos de ensinar e temos paixão por aprender. Somos extrovertidos e apreciamos muito conhecer pessoas novas em diferentes cenários. Temos dons espirituais diferentes, mas ambos nos entusiasmamos com viagens missionárias internacionais e, desde então, viajamos a três países para construir casas e ensinar inglês.

Não creio que esse nível de sucesso teria sido possível sem a ajuda que obtivemos de muitos livros, CDs e seminários desde o primeiro dia. Lembro-me de estar sentada numa livraria com Clay, bebendo café e passando os olhos por pilhas de livros sobre relacionamentos. Ele parava o que estava lendo e falava sobre uma citação do dr. John Gottman. Então, eu achava uma história interessante no livro do dr. Phil, lia para Clay e discutíamos a ideia por alguns instantes. Era uma maneira barata de ter um encontro e, no meio de tudo, aprender alguma coisa!

Enquanto líamos estudos de casos escritos por especialistas, Clay e eu ficamos felizes por descobrir que nossa situação não era incomum. Não éramos o primeiro homem e a primeira mulher a proceder de históricos familiares diferentes. Sentimo-nos confortáveis por saber que éramos normais e poderíamos vencer as dificuldades. Teria sido um erro andar no escuro, tentando encontrar as respostas sozinhos, quando elas já estão disponíveis a quem quiser.

Estou convencida de que, por mais diferentes que as pessoas sejam, elas podem aprender a amar, apreciar e comunicar-se umas com as outras em todos os níveis, se reservarem tempo para aprender sobre si mesmas e sobre seu parceiro. As diferenças entre marido e esposa certamente são um prato cheio para diversão em programas de televisão, mas também fornecem uma oportunidade de crescimento pessoal e de consciência de si mesmo.

Você enfrenta desafios em seus relacionamentos?
O homem mais sábio que viveu antes da época de Jesus, o rei Salomão, destacou que não há nada realmente novo debaixo do sol (cf. Ec 1:9).

De fato, isso também é verdadeiro no que diz respeito aos relacionamentos.

Às vezes, quando estamos confusos com os problemas e as emoções envolvidas na intimidade com outra pessoa, começamos a parecer que somos os únicos a passar por esse problema, a enfrentar esse desafio ou a suportar tal experiência.

Quando Emily e Clay começaram a olhar para dentro de si mesmos e procurar outros recursos, descobriram que aquilo que estavam experimentando — os desafios que consideravam tão particulares — eram de fato muito comuns.

Procurar ajuda significa estar disposto a aprender — disposto a admitir que talvez haja uma maneira melhor e disposto a ouvir as recomendações de outros, seja por meio de aconselhamento, livros ou seminários.

Quando desistimos de nossas lutas e começamos a buscar ajuda, frequentemente descobrimos que muitas pessoas já enfrentaram as mesmas questões — e conseguiram vencê-las. Então descobrimos que nós também podemos superá-las.

O novo quarto de amor

BETTY J. JOHNSON DALRYMPLE

É NOITE DE SEXTA-FEIRA! Noite de encontro! Cinema, jantar fora e passar um tempo juntos.

"Uau, como nossas noites de sexta-feira mudaram", murmurei enquanto entregava um livro na caixa de devolução da biblioteca e voltava para o carro.

Abri a porta do carro e me atirei no banco do motorista, fugindo do vento frio de novembro. Inclinei-me e beijei minha companhia constante, meu marido com câncer, que havia completado outro dia de quimioterapia. Enquanto eu ligava o carro, ele disse em voz baixa:

— Querida, andei pensando. Se eu não sair dessa, quero que você toque sua vida. Encontre um homem bom e case-se de novo. Um homem como Bob.

— Por favor, não fale assim — repreendi. — Amo você de todo o coração e nunca haverá outra pessoa para mim.

— Você é jovem demais para viver o resto de sua vida... — ele recomeçou.

— Pare! — gritei, enquanto engolia as lágrimas. — Amo você desde o colégio e jamais poderei amar outra pessoa. Não quero ouvi-lo mais falando assim, está bem?

Sabia por que seus pensamentos se haviam encaminhado para essa direção. Algumas horas antes, tínhamos conversado com nossos amigos Betty e Bob. Betty estava nos estágios finais do câncer nos ovários, e todos sentíamos a pesada nuvem da morte pairando sobre nossa cabeça. A nuvem escura estava sobre a vida de Betty havia três anos. Agora, Richard, meu marido, recebera o diagnóstico de câncer de cólon em estágio quatro. E então nos víamos no mesmo lugar indesejado de escuridão e desespero.

A amizade e o amor que nós quatro compartilhávamos eram como raios de luz perfurando as nuvens escuras na vida de todos. Contudo, eu não queria discutir nenhum futuro que excluísse o amor da minha vida, meu melhor amigo e meu marido por quarenta e seis anos.

Dois meses depois, fui forçada a enfrentar aquele futuro. Richard morreu. Foi como se a maior parte do meu corpo tivesse sido amputada sem anestesia — a não ser por um coração partido ainda batendo dentro de mim e cheio de amor pela mesma pessoa.

Desesperada por obter ajuda, juntei-me a um grupo de apoio voltado a ajudar pessoas em luto, do qual participavam Bob e outra mulher que havia recentemente perdido o marido. Compartilhamos nossa dor, choramos e seguimos juntos pelo caminho do luto. Depois de muitos meses, voltamos vagarosamente ao mundo do sorriso e da alegria intermitente. Nós três tínhamos um elo, uma amizade especial e um conforto que nos permitia seguir em novas direções.

— Sinto falta de meu velho amigo de golfe — Bob mencionou certa vez. — Será que você poderia ir jogar comigo algum dia desses?

— Tudo bem, vamos tentar — respondi.

Os elogios e o entusiasmo de Bob por minhas jogadas elevaram meu espírito, e jogamos juntos várias vezes.

Certa noite, Bob me pegou no aeroporto quando eu voltava de uma viagem e, ao abrir a porta do carro, encontrei uma rosa amarela no assento do passageiro.

— O que é isso? — perguntei.

— Bem, senti sua falta e queria dar-lhe as boas-vindas — ele comentou. — Posso pagar-lhe o jantar?

"Que homem gentil e atencioso", pensei. A conversa que tivemos naquela noite em relação a nosso futuro empurrou-me a uma nova direção. Começamos a passar mais tempo juntos, conhecendo um ao outro como pessoas, não mais como colegas de luto. Certa noite, vários meses depois, Bob disse de maneira bem informal:

— Você sabe que a amo.

Assustada, pensei: "Amor! Qual é o significado dessa palavra?" Tanto ele quanto eu nos referíamos a nossos cônjuges falecidos como o amor de nossa vida. Eu sabia, sem sombra de dúvida, que amava Richard de todo o meu coração e de toda a minha alma e, desse modo, o que significaria dizer "Eu te amo" a outra pessoa? A placa de "Não há vagas" que eu mantinha pendurada no meu coração me impediu de responder a Bob. Mas perguntei a mim mesma, repetidas vezes por dias, semanas e meses, o que significaria dizer "Eu te amo" a outra pessoa.

Certa ocasião, quando Bob levantou novamente a questão de amor, confessei minha confusão, e ele respondeu:

— Em nossa idade, o amor é diferente daquilo que sentíamos quando éramos adolescentes ou jovens com vinte e poucos anos.

— Eram só risadas, excitação, vontade de ficar o tempo todo com a pessoa — lembrei.

— Creio que existe também um amor maduro para pessoas maduras — ele continuou, com um sorriso no rosto. — Isso não diminui o amor que sentimos no passado por Betty ou Richard. Creio que o valoriza. Ainda significa que quero passar tempo com você, e que estou dizendo sim a futuro esperançoso.

Discuti isso com uma amiga bastante próxima.

— Seu coração é grande o suficiente para mais de um amor — ela explicou. — Pense em quanto você ama seus filhos, netos e amigos. É como se Deus estivesse adicionando quartos em seu coração para os novos amores.

Pude entender e aceitar essa resposta. Um senso de paz encheu meu ser. Na vez seguinte em que Bob sussurrou "Amo você", sussurrei de volta "Também o amo".

Isso aconteceu quatro anos atrás. Tal como a rosa amarela que Bob me deu naquela noite memorável, nosso sentimento um pelo outro começou a se abrir em um lindo botão. Antes de nos casarmos, ambos expressamos honestamente nossas prioridades em relação à fé e à família.

— É tão bom ver vocês dois sorrindo e felizes de novo — concordaram animadamente nossos filhos, abençoando nosso relacionamento.

As bases de nosso casamento foram um amor maduro, um companheirismo agradável, uma confiança mútua, um elo singular de dor compartilhada e a crença de que estávamos fazendo a vontade de Deus. Construímos uma segunda história, um segundo andar em cima da casa térrea de nossa vida anterior.

Sem esquecer nossas experiências passadas, concentramo-nos em ser gratos por nossos casamentos, por nossas famílias compreensivas e pela sabedoria que havíamos alcançado com o passar dos anos.

O novo quarto de amor em meu coração tem-se expandido conforme experimentamos novas aventuras. Seja fazendo viagens para jogar golfe com amigos da minha antiga vida ou participando de um cruzeiro com os amigos de Bob e Betty, quando nos esforçamos um pelo outro, esse quarto do meu coração fica mais aconchegante.

Recentemente, passei um fim de semana prolongado com alguns amigos, e Annabelle, minha neta de oito anos de idade, disse à mãe:

— Já que Nana vai sair hoje à noite, aposto que o sr. Bob vai sentir falta dela.

Minha filha respondeu:

— Sabe, o sr. Bob estava sozinho depois de perder sua esposa, assim como Nana estava sozinha quando perdeu seu avô.

Depois de alguns minutos, a lógica Annabelle perguntou:

— Quando você perde alguém, será que todo mundo tenta encontrar outra pessoa que também está sozinha por ter perdido alguém?

— Bom, se acontecer de você encontrar outra pessoa de quem goste e passe a amar, então você é uma pessoa abençoada — disse sua mãe.

— Fico feliz por termos encontrado o sr. Bob — concluiu Annabelle.

Eu também, Annabelle. Eu também.

Uma vez que o amor é uma das experiências mais estimulantes que um ser humano pode vivenciar, perdê-lo é uma das experiências mais dolorosas. Assim, muitas vezes, como aconteceu com Betty, quando enfrentamos a dor de um amor perdido, penduramos a placa de "Não há vagas" e nos recusamos a correr o risco de ter outra perda em nossa vida. A dor inerte do luto parece de algum modo mais segura que a ferida potencial que podemos experimentar se abrirmos espaço para outra pessoa.

Você não fica feliz pelo fato de sua capacidade de amar ser ilimitada? Que vergonha é sentar-se desconfortavelmente numa barraca emocional de um único cômodo, quando poderíamos desfrutar uma mansão. Contanto que estejamos dispostos a nos arriscar, nosso quarto para o amor pode crescer cada vez mais.

Adicionar quartos à casa do nosso coração pode às vezes ser custoso. Talvez tenhamos de nos acostumar a uma nova maneira de viver, aprender a confiar de novo ou arriscar-nos a sofrer outra perda. Mas o resultado excede em muito os custos da construção.

Um milagre de Natal

Loretta J. Eidson

Eu me considero esclarecida em questões de amor e perdão, assim como na maneira de viver uma vida feliz e despreocupada. Mas então minha neta Ashley foi atacada sexualmente por meu filho mais novo, Daniel.

Quando eu soube disso, a dor lançou-me num redemoinho de emoções. Minha família alegre e amorosa foi instantaneamente envolvida numa batalha ferrenha. Boletins de ocorrência foram registrados na delegacia. A comunicação entre os familiares foi interrompida. Amor e confiança transformaram-se em raiva e acusações. O elo familiar que eu tanto prezava estava agora por um fio. Todos estavam perturbados.

Tomados de ira profunda, os pais de minha neta — Paul, meu filho mais velho, e Claudia, sua esposa — deram-me um ultimato. Minhas opções eram abandonar Daniel e expressar amor apenas pela parte devastada da família, ou continuar a me relacionar com Daniel e abdicar de todos os direitos de ver Ashley e meus outros netos novamente. Eles achavam que Daniel deveria ser privado de amor e excomungado da família. E, para eles, eu deveria esquecer que Daniel existia.

Como alguém poderia pedir que eu abandonasse meu próprio filho ou esperar que me afastasse de meus netos? Eu estava sendo forçada a decidir sobre qual membro da família merecia mais amor. Fui tomada por enorme pesar, pois amava todos.

De que maneira eu poderia optar por algum deles? Sabia que, independentemente de qual fosse minha decisão, não havia nenhuma segurança de que minha família recuperaria os laços de amor e felicidade que considerávamos tão valiosos.

Optei por permanecer neutra nessa situação terrível, mas uma vez que Daniel morava comigo tomei a dolorosa decisão de colocá-lo para fora de casa. Meu coração se partiu enquanto o vi sair. Mas eu sabia que não poderia colocar meus netos em risco de se tornarem vítimas do vício de Daniel.

Daniel começou a viver nas ruas, e a polícia costumava detê-lo para averiguação. Depois de horas de interrogatório, ele era solto, pois não havia prova alguma para condená-lo. Ele era jogado de volta ao seu próprio mundo, para tentar sobreviver, cheio de rejeição, revolta e raiva.

Eu achava que ia morrer de tristeza. Clamei a Deus. Depois, gritei com Deus: "Como meu filho pôde fazer uma coisa tão horrível? Isso não deveria ocorrer na minha família. O que aconteceu com o nosso amor?".

Comecei a afundar num pântano de autocomiseração e vergonha diante das ações de Daniel.

Para piorar as coisas, o restante da família se afastou de mim. Eu não conseguia entender a ideia de alguém rejeitar propositadamente um membro da família e considerá-lo indigno de amor, independentemente de qual fosse o crime. Eu entendia o fato de minha família estar com raiva de Daniel, mas, para mim, era muito difícil imaginar que ele seria privado de amor.

Paul e Claudia excluíram-me de sua vida. Eles me impediram de falar com minhas netas desde que me recusei a abandonar Daniel. Sentiam que eu os havia abandonado e estava fazendo vista grossa ao crime que meu filho cometera.

Com o passar dos meses, fui consumida pela hostilidade e pelas incertezas que se abateram sobre minha família. Depois de muitas noites em claro devido ao tumulto constante, comecei de modo hesitante a fazer um diário de minhas emoções. Num primeiro momento, eu desenhava círculos enquanto os pensamentos me cruzavam a mente. As palavras surgiam vagarosamente nas folhas rabiscadas, até que minhas ideias e sentimentos começaram a vir à tona.

Conforme eu registrava por escrito a dor de minha família dividida, percebi que escrever sobre aquilo era um processo terapêutico. Comecei a me imaginar no lugar de Paul e Claudia como pais de uma criança molestada. O ato de escrever o que eu achava que eles sentiam abriu meus olhos e me ajudou a entender melhor seu tormento.

Descobri que, por meio desse desabafo escrito, o egoísmo, a autocomiseração, a vergonha e a depressão eram substituídos por uma compreensão renovada do amor incondicional. Comecei a ter uma esperança renovada de restauração.

O desprezo a minha própria dor forçou-me a parar de concentrar-me em mim mesma. Isso me fez avaliar as ações de minha família. Optei por reavaliar os últimos meses, ouvir meu coração e ser a mãe amorosa que fora antes. Tive de tomar a decisão de desprezar todas as palavras duras ditas e perdoar a todos, incluindo Daniel.

Ao fazer as escolhas corretas, eu sabia que precisava dar o primeiro passo rumo à comunicação. Comecei ligando para Paul e Claudia. No início, eles foram secos ao telefone. Quando tentei visitá-los, não permitiram que eu entrasse em sua casa, mas persisti em minhas tentativas de estender-lhes amor e compreensão. Recusei-me a desistir, apesar da ira que eles sentiam.

Depois de várias semanas, Paul e Claudia começaram a retribuir meus esforços para estabelecer a comunicação. Nossas visitas eram curtas e agradáveis. Evitávamos qualquer conversa sobre a divisão em nossa família. Eu não sabia se a tensão havia realmente cedido ou se estava apenas dormente, esperando para explodir.

Então, certo dia Claudia me ligou e perguntou se poderia visitar-me. Tão logo chegou, conversamos sobre o tempo, a escola dos netos e o que havia para o jantar, evitando intencionalmente qualquer assunto controverso. Mais tarde, mencionei, nervosa, que fazer um diário por escrito me ajudara a superar obstáculos dolorosos.

Surpresa por saber que eu de fato havia documentado aquele crime horroroso, Claudia pediu para ler meu diário. Também fiquei muito surpresa diante de seu pedido, mas permiti que ela investigasse minhas notas pessoais. Meu estômago se contorcia enquanto ela em silêncio sugava cada palavra. Não a interrompi quando a espiei, porque tinha medo de que ela se irritasse comigo. Contudo, fiquei chocada ao ver lágrimas correndo por sua face enquanto lia.

Quando finalmente ela terminou de ler, foi até a cozinha onde eu tentava manter-me ocupada. Veio direto em minha direção, abraçou-me, enterrou o rosto em meu ombro e chorou.

Claudia disse que ficou aturdida ao ver minha percepção de sua dor. Percebeu que nosso sofrimento era similar, mas não havíamos conseguido comunicar-nos. Pediu perdão por sua parte na divisão da família.

Fiquei chocada diante de sua reação às notas do meu diário. Expressamos nosso amor uma pela outra e choramos por tudo aquilo que havia acontecido. Descobrimos que, sem amor em nossa família, estávamos todos perdidos.

Claudia insistiu em que Paul lesse o diário. Pouco tempo depois, todos os membros da família haviam lido o relato de meu coração partido registrado nas páginas daquele diário. Quem poderia ter imaginado que esse desabafo abriria a porta da restauração em minha família?

Voltamos a nos reunir, com exceção de Daniel. Agora, Paul, Claudia e os netos me visitam frequentemente. Minha casa estava outra vez cheia de risos e amor. Aprendemos da maneira mais difícil que, sem amor, a vida sufoca qualquer esperança de encontrar felicidade.

Uma vez que eu sabia que Daniel se sentiu rejeitado e não amado quando lhe pedi que saísse de casa, precisava ir atrás dele para que soubesse quanto o amava, embora não fizesse vista grossa a seus atos nem aprovasse seu estilo de vida. Ele é meu filho, de modo que amá-lo é algo natural para mim. Mas fiz uma escolha consciente de perdoá-lo e estender-lhe amor incondicional.

Os sonhos de sempre ter meus filhos reunidos em datas especiais foram destruídos pelo comportamento de Daniel. Mas essa força renovada de lutar por minha família gerou em minha alma uma nova esperança de reconciliação. Eu queria acreditar que o amor prevaleceria e que Daniel algum dia voltaria a reunir-se com toda a família.

Permanecer firme em meu amor por todos os membros da família mostrou-se recompensador. Minha irmã me convidou a ir a sua casa duas semanas antes do Natal. Quando cheguei, minha filha Shelly estava lá e me disse que eu deveria fechar os olhos, pois havia uma surpresa.

Tentei imaginar que presente elas iriam me dar. Tendo os olhos cobertos por uma venda, imaginei um carro novo, alguma joia maravilhosa ou até mesmo passagens para o Havaí ou outro ponto turístico distante.

Ouvi um barulho ao meu redor à medida que minha irmã tirava a venda dos meus olhos. Meus três filhos adultos estavam diante de mim, sorrindo, de braços dados uns com os outros.

— Feliz Natal, mamãe! — gritaram todos.

Fiquei tão chocada, alegre e confusa que caí de joelhos, chorando. Paul e Shelly não falavam com Daniel havia mais de sete anos... e ali estavam eles, na mesma sala, rindo. Os três me beijaram enquanto me entregavam uma enorme caixa.

Abri o presente e vi vários porta-retratos com fotos de meus filhos. Os três se encontraram num parque e tiraram fotos. Foi inacreditável! Eu estava experimentando um verdadeiro milagre de Natal: o amor estava sendo restaurado.

Sou muito grata por ter optado por perdoar, olhar além de minha própria dor e concentrar-me na dor de meus queridos. Minha família teve uma percepção renovada de paz e amor profundos.

Há momentos em que a situação que enfrentamos parece insolúvel. Temos a sensação de que os relacionamentos estão irremediavelmente rompidos. O passo lógico parece ser afastar-se daqueles que um dia consideramos tão queridos, chorar nossas perdas e seguir adiante da melhor maneira possível.

Contudo, Loretta nos lembra que, enquanto estivermos vivos, se houver disposição para trabalhar duro, orar e perdoar, então, em muitos momentos, será possível encontrar a esperança da reconciliação, mesmo quando as circunstâncias parecerem irremediáveis.

É preciso haver mais de uma pessoa para que os relacionamentos funcionem — não podemos garantir que os milagres acontecerão simplesmente porque estamos dispostos a trabalhar por eles. Contudo, às vezes, como Loretta descobriu, o amor e a comunicação persistentes de uma pessoa podem derrubar os muros da dor e da incompreensão e fazer girar as rodas do perdão e da renovação do relacionamento.

Nunca desista cedo demais das pessoas com quem você se importa.

Entre o bebê e o basquete

Kevin Lucia

Há não muito tempo, eu achava que conhecia o significado do amor verdadeiro e do sacrifício.

Afinal de contas, eu já tivera muita experiência com ambos. Depois de ter desmanchado um noivado, aprendi que o amor não pode ser construído sobre boas intenções. Ele precisa de estabilidade, responsabilidade e sacrifício.

Durante o namoro, elaborei uma lista de coisas que nunca deveria fazer, que incluía mas não se restringia apenas a coisas como: nunca deixe a tampa do vaso sanitário levantada; nunca pergunte "Por que sua mãe sempre faz isso?"; e nunca faça nenhuma referência, direta ou não, a aumento de peso.

No casamento, adicionei vários itens, como nunca comparar as almôndegas de sua esposa com as da sua mãe e jamais dizer "Bom, mamãe sempre fez assim...".

Depois de quatro anos de casado, eu estava saindo-me muito bem. Um mentor me deu o sábio conselho que dizia que "Amar não é só poemas e romance; é trabalhar duro e sacrificar-se", e então trabalhei duro. Eu lavava a louça, as roupas, fazia outras tarefas junto com minha esposa, preparava o jantar de vez em quando e até assistia a alguns filmes românticos.

Fiz compras e colhi flores e até mesmo cheguei a limpar seu canteiro de plantas num verão, como presente de aniversário.

Tudo ia muito bem; éramos felizes e estávamos esperando nosso primeiro filho. Eu sabia como amar minha esposa e como fazer sacrifícios.

Certa noite de chuva, porém, depois de seguir pela Rodovia 81, rumo norte, saindo de Binghamton, no estado de Nova York, percebi que não sabia uma coisa.

Era meu segundo ano como técnico do time masculino de basquete da Davis College, e a temporada tinha terminado. Cometi alguns erros importantes e perdemos alguns jogos, mas o pior de tudo foi que perdi a confiança de meus jogadores e da torcida.

Ser técnico de meio período e professor de tempo integral me desgastara e, embora maravilhoso, o nascimento de nossa filha virou nossa vida de cabeça para baixo. Eu estava travando muitas batalhas e perdendo todas elas. Durante um período, consegui fazer que tudo parecesse ótimo do lado de fora. Mas certa noite, voltando para casa debaixo de chuva depois de o pneu de minha picape ter furado, entrei em colapso.

Perdemos feio naquela tarde. Nossa temporada, que se mostrara promissora no início, se desintegrava diante de meus olhos, e eu não tinha o poder de interromper aquilo. Ainda por cima, perdi a compostura, e os jogadores faziam comentários pelos corredores. Eu sabia que o diretor esportivo terminaria sabendo do episódio.

Assim, enquanto seguia por uma estrada escura e solitária na chuva, algumas coisas me preocupavam: nossa temporada decepcionante, minha reputação como técnico e como pessoa, e meus planos de sucesso no basquete desfeitos.

Com frio por causa do vento e da chuva, eu não conseguia ver além da escuridão, do asfalto escuro da estrada e de meus problemas na direção do time. Aquela havia sido a oportunidade de mostrar meu valor, e ela escorreu por entre meus dedos. Eu não apenas teria perguntas a responder no dia seguinte, mas também precisava rebocar minha picape da estrada para consertar o pneu — algo pelo qual eu realmente não tinha condições de pagar.

Fiquei feliz por chegar em casa. Com frio, cansado e desanimado, queria dormir para ver se meus problemas desapareceriam, de modo que pudesse ter energia para consertar todas essas coisas. Mas então abri a porta de casa. A primeira coisa que vi foi minha esposa, chorando e desesperada, ao mesmo tempo que minha filha recém-nascida gritava.

Abby, minha esposa, é enfermeira. Ela não se assusta facilmente. No seu dia a dia, lida com coisas horrorosas. Antes daquela noite, nunca vira Abby tão chateada e temerosa.

Meu mundo ruiu. Tudo o que era "importante" desapareceu, restando apenas minha esposa assustada e chorosa e meu bebê que gemia.

O problema mostrou ser algo menor. Madison sofrera seu primeiro resfriado e não conseguia respirar direito. Éramos pais inexperientes e ansiosos, que se assustavam com qualquer coisa. Contudo, o incidente me atingiu como uma marreta.

Mais tarde, naquela mesma noite, percebi que havia passado o dia todo sem pensar em Abby ou em Madison, com a mente ocupada em coisas supostamente grandes e importantes. Durante minha jornada solitária pela Rodovia 81, eu estava obcecado por meus problemas no basquete, enquanto minha esposa se preocupava com o bem-estar de nossa filha, ansiosa por minha volta.

Alguns podem dizer que aquela noite foi simplesmente uma parte dos desafios normais relacionados a equilibrar a carreira de técnico com a criação de uma família. Seja o que for, aquilo sinalizou o final da minha carreira de técnico. Pela primeira vez em muito tempo, perguntei a Abby: "O que você mais precisa de mim neste momento?". Conversamos até as três horas da manhã.

Duas semanas depois, minha carreira de técnico chegava ao fim, muito antes do final da temporada. Talvez minha saída tenha sido apressada, rancorosa. Certamente havia muitas pessoas confusas, preocupadas, decepcionadas... possivelmente até feridas. Comecei a dar telefonemas e mandar *e-mails* para pais, amigos e colegas de trabalho, explicando tudo da melhor maneira possível. No final das contas, disse a todos: "Minha família precisa mais de mim que o time de basquete da Davis College".

Era verdade. Quando deixei de ser técnico, o estresse sumiu. Nossa vida tornou-se nossa de novo, e uma rotina muito simples e agradável surgiu: eu ia para a escola, lecionava e voltava para minha casa, minha esposa e minha filha.

Eu finalmente tinha descoberto o que significava realmente amar por meio do difícil sacrifício de minha carreira.

Será?

Ainda havia um último obstáculo na estrada. Várias semanas depois de sair da quadra pela última vez, minha esposa foi escalada para seu primeiro fim de semana de plantão no hospital.

Sentindo falta de ar, as mãos suando e o coração apertado, pensei: "Isso não é coisa boa!".

Eu era um homem; homens não cuidam de bebês. Eles consertam coisas, levam o lixo para fora, cortam a grama. Não cuidam de bebês. Além disso, talvez eu fosse o homem mais desajeitado do mundo. Deixava algumas coisas cair e quebrava outras. Não era muito bom em seguir instruções e só conseguia prestar atenção por um tempo muito curto. E se eu preparasse a mamadeira na proporção errada? E se nossa filha se sufocasse debaixo das cobertas quando eu não estivesse prestando atenção?

Eu ficava intimidado só com a ideia de ouvi-la chorar. Não sou violento, mas já ouvira falar de pais que entraram em pânico diante de crianças chorando e acidentalmente feriram seus frágeis bebês.

Além de tudo isso, eu tinha meus próprios *hobbies*, que só conseguia praticar nos fins de semana. Será que eu já não tinha sacrificado o suficiente? Precisaria abrir mão do meu tempo livre também?

Na semana anterior ao meu encontro com o destino — ou maldição, dependendo da pessoa com quem você esteja falando — de babá, perturbei minha esposa com essas dúvidas. Pensei em maneiras de postergar sua saída de casa, até que tivéssemos condições de contratar uma babá. Apresentei argumentos racionais sobre como Madison seria beneficiada se Abby ficasse um pouco mais de tempo em casa. Insisti, forcei e tentei o mais que pude até aquela fatídica manhã de sábado. Então, mais uma vez, meu mundo ruiu e dei uma longa e nada lisonjeira olhada em meu próprio interior.

Ali estava Abby, vestida para o trabalho, com lágrimas nos olhos diante da ideia de deixar sua primeira filha em casa. Ela estava preocupada não apenas com isso, mas com seu próprio desempenho no trabalho. Conseguiria dar conta? Estaria fisicamente pronta? Ela, muito mais que eu, estava ciente de nossa condição financeira e sabia que precisava trabalhar, mas estava devastada.

Naquele momento, quando minha esposa precisava do apoio de seu marido, o que eu estava fazendo para ajudá-la?

Nada! Simplesmente a fiz sentir-se pior, esperando que ela ficasse em casa para que eu pudesse fugir da responsabilidade de cuidar de Madison.

Naquele momento percebi algo chocante: mesmo tendo passado por toda aquela turbulência dos últimos meses, eu não havia aprendido nada. Ainda fazia o que queria fazer.

Diante de minha demissão, constatei uma horrível verdade: ser técnico se havia tornado um fardo. Eu estava cansado física, emocional e espiritualmente. As coisas saíram de um jeito que ninguém desejava, e eu não queria mais ser técnico.

Não me entenda mal. Deixar o basquete para trás foi algo necessário. Nossa vida melhorou drasticamente assim que me afastei do cargo de técnico. Contudo, no final das contas, desisti porque não queria mais fazer aquilo.

Naquela manhã de sábado, aprendi uma lição de amor. O amor exige trabalho duro e sacrifício; mas é muito comum ele exigir sacrifícios que não queremos fazer de jeito nenhum — a verdade é que ficamos apavorados.

Enganei a mim mesmo achando que minha demissão fora o sacrifício derradeiro porque, afinal de contas, eu amava o basquete. Deixar a posição de técnico foi bem difícil, mas desprezei o sutil fato de que eu queria sair mesmo.

Em contrapartida, amar verdadeiramente uma pessoa pode exigir que façamos aquilo que mais tememos e que *menos* queremos fazer. Infelizmente, é muito comum enganar-nos em relação ao tanto que estamos dispostos a sacrificar.

Respirei fundo e disse a minha esposa:

— Vá para o trabalho, querida. Ficarei bem.

Segurando as lágrimas, ela sussurrou:

— Você tem certeza?

Concordei com a cabeça e dei um sorriso.

— Vamos dar um jeito. Você precisa fazer isso, mas honestamente... eu também preciso.

Naquele final de semana aprendi um tipo de amor completamente diferente. Por dois dias, o bem-estar daquela adorável menina dependia completa e exclusivamente de mim. Com dois meses de idade, ela era totalmente incapaz. Nesse caso, mostrar amor verdadeiro significava segurar a própria essência da vida em minhas mãos e superir-lhe toda necessidade, a todo instante. Durante dois dias, vivi um período completamente sacrificial — às vezes sem vontade (como no momento em que eu queria tirar uma soneca e ela não) — com o objetivo de preservar a vida de minha filha.

Eu gostaria de apresentar um retrato afetuoso de ternura e intimidade desfrutadas por pai e filha. Sim, esses momentos aconteceram. Contudo, lembro-me mais de um batismo realizado com diversos fluídos corporais conhecidos pelo homem. Também passei nove horas, nos dois dias, na mesma cadeira de balanço porque descobri que, quando Madison pegava no sono, nós dois nos sentíamos melhores se eu simplesmente permanecesse ali. Aprendi que, embora os bebês certamente saibam quando estão com fome, eles nem sempre sabem quando estão satisfeitos. Você pode imaginar os resultados se não os fizermos arrotar regularmente.

Minha vida mudou completamente naquele fim de semana. Sou humano e, portanto, ainda cometo mais erros do que gostaria. Contudo, hoje desfruto de um relacionamento próximo com minha filha e meu filho porque me esforcei para melhorar esse amor altruísta. Nosso casamento tem sido abençoado porque Abby sabe que, em vez de simplesmente fazer as "coisas de homem", aproximei-me dela, segurando-lhe a mão e caminhando ao seu lado em nossa jornada.

Esse é o verdadeiro sacrifício, e ele leva ao verdadeiro amor. As lições de amor nunca acabam, e nunca deixamos de fazer sacrifícios. Faremos isso nos pequenos momentos do dia a dia pelo resto de nossa vida.

Muitas vezes chamamos alguma coisa de "sacrifício" quando, como no caso de Kevin, na verdade é algo que queremos fazer. Agindo assim, enganamos a nós mesmos. Aqueles a quem amamos certamente sabem qual é a verdade. Depois, ficamos pensando por que eles não se impressionam com nossos atos.

Como Kevin destaca, quando amamos o sacrifício, isso se torna um modo de vida. Esse tipo de altruísmo não é encontrado em gestos grandiosos capazes de transformar uma vida. Pelo contrário, repousa nas pequenas escolhas diárias. É revelado nos momentos em que colocamos nossos desejos de lado em favor de outra pessoa. Essa é a maneira de mostrarmos que realmente nos importamos. E aqueles pequenos momentos altruístas são os que verdadeiramente abençoam e impressionam.

Uma razão para viver

SUDHA KHRISTMUKTI

A BATIDA NA MINHA PORTA ERA PERSISTENTE. Quando abri, um rosto cansado, magro e abatido, com cabelo desgrenhado, olhou para mim. As roupas dela estavam jogadas sobre o corpo, e seu olhar era audacioso e raivoso. Ela parecia ter vinte e poucos anos. Ao seu lado estava uma mulher que mal reconheci: Mitty, uma velha conhecida que eu não encontrava havia mais de dezesseis anos.

Depois que a mulher se acomodou no sofá da sala de estar, Mitty disse que estava vivendo numa cidade a 65 quilômetros de distância da minha. De algum modo ela conseguiu encontrar-me. Mitty revelou que a mulher que a acompanhava, Mona, sua irmã mais nova — que se sentou passivamente e ficou olhando para os pés — havia tentado o suicídio alguns dias atrás. Mona ingeriu inseticida, mas sobreviveu. Mitty me disse que agora ela não falava com ninguém e se recusava a comer.

Mitty partiu depois de uma hora. Para minha surpresa, ela saiu sem Mona. Presumi que voltaria para levar a irmã para casa. Mas as horas se passaram e Mitty não voltou. As horas se transformaram em dias. Mitty nunca voltou para buscar Mona.

Eu não estava preparada para esse choque. Ficava aturdida só de pensar nisso. Em minha cidade, na Índia, não tínhamos um centro para atender pessoas em crise, um lugar para oferecer ajuda a suicidas, um abrigo para mulheres, reuniões dos Alcoólicos Anônimos ou um psicólogo. Mas o que estava acontecendo?

Eu estava atolada até o pescoço de projetos. Um deles exigia que viajasse de trem e ônibus para outra cidade, o que me tomava quatro horas por dia. Eu trabalhava doze horas por dia, seis dias por semana. Não tinha tempo para cuidar de Mona. O que deveria fazer com aquela completa estranha, que nunca vira antes — uma mulher que nem a família queria?

Não havia outro quarto em casa, de modo que instalei Mona perto da janela no meu próprio quarto, montando uma cama de armar, uma cadeira e uma mesa pequena.

"Você quer um café?", perguntei gentilmente. Ela não respondeu nada e simplesmente se atirou na cama. Ficou ali por uma semana, raramente se movendo, olhando para o teto com olhos mortos e distantes. Todos os dias eu tentava convencê-la a tomar pelo menos um suco de fruta.

Ela engolia sem dizer uma palavra. As paredes geladas que havia construído a seu redor eram impenetráveis. Parecia frustrada por ter sobrevivido à tentativa de suicídio e resolvera matar-se lentamente de fome. Precisava urgentemente de alimentos, mas retrocedia diante de qualquer menção a um sanduíche, a pipoca, a sorvete ou até mesmo a um delicioso frango *tandoori* ao qual eu achava que ninguém era capaz de resistir.

Depois do trabalho, eu estava cansada demais para conversar e preparar o jantar todas as noites, mas continuei pedindo-lhe que provasse um pouco de sopa. Finalmente, certa noite ela comeu um pouco, relutante, provavelmente achando que assim eu deixaria de perturbá-la!

"Como uma pessoa que não tem nenhum desejo pela própria vida pode sentir fome física?", pensava eu.

Seu silêncio empedernido e sua sobrancelha franzida demonstravam um ódio reprimido. Rejeição profunda, desespero e falta de perspectiva pareciam envolvê-la completamente.

Eu não fazia a menor ideia se ela viria a falar, mas ainda assim, num fim de semana, perguntei: "Você gostaria de falar sobre o que a está perturbando? Se você deixar, quero ajudá-la. Eu me importo. Não estou aqui para julgá-la, mas para ouvir o que você tem a dizer. Quero entender por que você acha que não vale a pena viver".

Ela olhou para mim sem nenhuma expressão no rosto, de modo hesitante. Fiquei pensando se ela encontraria coragem para falar. Não a forcei, mas continuei demonstrando interesse. Com o passar dos dias, conversava com Mona ainda que não me respondesse. Numa tarde de inverno, ela permitiu que eu a levasse para caminhar no jardim. Reguei as plantas, e ela se sentou num tronco caído. Orei para que a influência tranquilizadora da natureza a ajudasse, e para que os raios quentes de sol pudessem derreter pelo menos uma pequena parte de seu coração congelado.

Outro dia, levei-a para sair e, quando voltamos, ela finalmente comeu um pouco de arroz com *curry*. Por alguns instantes, ela até mesmo brincou com meu cachorrinho que havia ignorado desde que chegara.

Algumas semanas se passaram e, então, de repente, num dos meus raros dias de folga, Mona teve coragem de mostrar os pedaços de sua vida estilhaçada. Disse que gostaria de não ter nascido, pois não era desejada como o restante de suas muitas irmãs. Seu pai, irritado por não ter filhos homens, era uma pessoa cheia de ódio que despejou todo o seu desgosto e toda a sua fúria sobre ela.

Mona enfrentou os insultos, a zombaria e a humilhação perpetrados por seu pai como ninguém seria capaz de suportar. Os dois tinham brigas horríveis. Quando ele gritava "Você não presta para nada!", ela respondia dizendo "Você também não!".

Sua mãe, uma dona de casa bondosa e simples, aceitou o abuso cometido pelo marido. Todas as irmãs mais velhas de Mona se haviam casado, e ela era uma das únicas que ainda morava com os pais, a rebelde que ele não conseguia subjugar. Para escapar da ira paterna, ela costumava fugir de casa. Envolveu-se com pessoas ruins, drogas e álcool.

Ninguém jamais a levou para ser aconselhada. Suas irmãs não queriam nada com ela. Sua mãe a amava e pedia que mudasse de vida. Mas, embora as drogas estivessem arruinando sua mente inteligente e o álcool a mantivesse na escravidão, Mona não conseguia parar. Ela não se importava. Havia chegado a um beco sem saída.

Eu não tinha ideia de como deveria entender tudo isso e lidar com alguém que eu nem mesmo conhecia. Como poderia despertar nela a vontade de viver se seu desejo era morrer? Como poderia ajudar alguém que apenas sentia ódio e raiva de si mesma, de sua família, do mundo e especialmente de mim, que estava tentando fazê-la viver? Como poderia amar alguém tão difícil de ser amada e tão desejosa de se autodestruir? Por quanto tempo eu deveria abrigá-la?

Num primeiro momento, aquele esqueleto mal nutrido ficava quieto e simplesmente passivo. Conforme se sentia mais forte, porém, sua ira amarga retornou. Mona saía de casa e depois voltava. Eu orava para que o Senhor de alguma forma guiasse seus passos.

Certa noite, Mona deixou um bilhete sobre o criado-mudo dizendo que não queria mais viver.

Por onde eu começaria a procurar uma pessoa que não queria ser encontrada? Como fiz tantas vezes desde que Mona entrou em minha vida, ajoelhei-me em oração e pedi desesperadamente a Deus que a segurasse em suas mãos. Ela voltou depois de 48 horas agonizantes, com as roupas sujas de barro.

Contou que caminhara, no meio da noite, até uma grande represa na periferia da cidade. Planejava afogar-se, mas não conseguiu. Preparei um café para ela e ouvi o relato, tremendo de alívio.

Tentei levá-la a um psicólogo numa cidade próxima. Gastei duas semanas até convencê-la. Minha mãe localizou uma das irmãs de

Mona e pediu que a acompanhasse na visita ao psicólogo, mas a irmã se recusou. Embora Mitty fosse enfermeira há muitos anos, disse-me que Mona não era mais problema dela.

Nenhuma das irmãs quis responsabilizar-se por Mona, nem mesmo apoiá-la no período em que tentei ajudá-la a se recompor. Que rejeição terrível! Que decepção perceber que elas simplesmente não se importavam com meus esforços para ajudar a irmã.

Desse modo, passei a três vezes por semana levar Mona em minha motocicleta até o psicólogo, que ficava a setenta quilômetros de casa. Quando chegava lá, Mona se recusava a responder a qualquer pergunta. Depois de muitos encontros, ela finalmente começou a falar.

Quando parecia estar progredindo, ela simplesmente se recusou a voltar à terapia.

A situação piorou. Certa tarde, ela tentou atear fogo em si mesma depois de encontrar querosene em meu armário. Ficou em pé no meio da cozinha, encharcada de querosene e segurando fósforos na mão, xingando e direcionando a mim toda a sua ira.

Implorei a Deus que me ajudasse a impedi-la. Eu nunca havia passado por uma situação como aquela. Lutei como jamais fizera e, não sei de que forma, consegui arrancar a caixa de fósforos de sua mão.

"Por que você não me deixa morrer, sua idiota?", Mona gritou. "A vida é minha!"

Finalmente, ela caiu no chão em meio a soluços. Levei-a rapidamente ao hospital, onde ela permaneceu por alguns dias. Naturalmente, ninguém foi até lá buscá-la, embora três de suas irmãs soubessem da hospitalização. Mais uma vez, com muita apreensão, preparei-me para levá-la a minha casa.

Decidi que faria uma última tentativa. Se ela voltasse à terapia, prosseguisse e provasse que estava levando o programa a sério, eu a ajudaria.

Eu e minha mãe oramos por ela, sobre ela e com ela. Certa noite, li em voz alta meu salmo favorito, o salmo 91: "Aquele que habita no abrigo do Altíssimo e descansa à sombra do Todo-poderoso pode dizer ao Senhor: 'Tu és o meu refúgio e a minha fortaleza, o meu Deus, em quem confio'" (v. 1-2).

Ela ouviu. Atentamente.

Algumas semanas depois, li Filipenses 4:13: "Tudo posso naquele que me fortalece".

Declarei a Mona que ela precisava abandonar seus vícios e fazer terapia. Ela não disse uma palavra sequer, mas eu sabia que ela estava pensando seriamente sobre aquilo.

Durante a outra discussão, Mona me disse que não conhecia Deus, não precisava dele e não se importava com ele.

— Deus não existe e, se existir, ele não se importa. Ninguém se importa — insistiu ela.

— Ele se importa o bastante para trazer você até minha porta — respondi. — Eu não me importei? Por acaso mandei você embora?

Dessa vez, ela não reteve as lágrimas. Deixou que elas fluíssem livremente durante toda a noite. Ao amanhecer, pedi ao Senhor que assumisse o controle de seu espírito, sua mente, seu corpo... e sua vida.

Pela primeira vez Mona curvou sua cabeça comigo em oração — orando a um Deus que ela jamais pensou existir.

Um lento processo de cura se iniciou. Mona começou a comer e a dormir bem. Ela alcançou vitória sobre o álcool e as drogas depois de mais de um ano de intensa luta.

Certo dia, levei-a a sua família, que se surpreendeu ao vê-la. Sua mãe ficou boquiaberta de descrença.

Nos dois anos seguintes, Mona foi e voltou. Ela conversou sobre a diferença que Jesus estava fazendo em sua vida e como era difícil viver dentro de um novo estilo, um que envolvia autodisciplina. Ela gostava de Salmos 121:3: "Ele não permitirá que você tropece; o seu protetor se manterá alerta".

Três longos anos depois, Mona finalmente conseguiu arrumar um emprego.

Ajudar alguém numa necessidade tão grande, em circunstâncias tão terríveis, fez-me confiar grandemente no amor, na sabedoria e na orientação de Deus.

Eu nunca havia cuidado de alguém daquela maneira. O desafio de estar presente para mostrar amor diante da rejeição, de ser paciente diante da insuportável tentação de desistir, de permanecer acordada noite após noite, preocupada e em oração, foi de fato muito grande.

Conforme os dias se transformaram em semanas e meses, somente pela absoluta graça de Deus é que pude mostrar amor, aceitação e apoio.

Sete anos se passaram desde a inesperada batida na minha porta. Como foi difícil doar tempo, ajuda e compreensão a uma pessoa apenas! Mas Deus está disponível a todos os seus filhos espalhados pelo mundo, a qualquer hora e a qualquer momento.

Quando acordo no meio da noite, sei que Deus não falha e está ao meu lado. Como sou abençoada por ter acesso a sua presença constante e confortadora! Não desprezo mais esse dom e privilégio.

Felizmente, a maioria de nós nunca precisará lidar com uma situação nem de perto tão dramática e incomum como a que Sudha enfrentou. Contudo, muitos de nós talvez precisemos lidar com pessoas irritadas, suicidas ou viciadas.

Felizmente, a maioria de nós também tem recursos que nos ajudam a ajudar pessoas desesperadas. Contudo, mesmo com recursos, pessoas difíceis exigem tempo, energia e toda a força que possuímos.

Sudha aceitou o desafio de amar uma pessoa que não apenas lhe era estranha, mas também se ofendia com seu cuidado. Talvez, em alguns aspectos, não sejamos diferentes de Sudha. A dor e os vícios podem transformar qualquer pessoa que amamos num completo estranho. As pessoas magoadas lançam suas feridas, frustração e ira sobre aqueles que são suficientemente corajosos ou se importam o bastante para se aproximar delas.

Como amar pessoas assim? Às vezes, como Sudha descobriu, o primeiro passo é aceitá-las como elas estão: nutri-las e tentar cuidar de suas necessidades básicas à medida que tentam reencontrar a vida. Ter paciência conforme elas começam a processar mentalmente sua situação. Não levar para o lado pessoal quando elas gritam e reclamam em meio à dor que sentem. Ajudá-las a obter os recursos que as ajudarão a ajudar a si mesmas. Preparar-se para os altos e baixos da recuperação.

O amor é persistente. Como Sudha expressa, somente por meio da graça de Deus é possível encontrar um amor suficientemente forte pela pessoa viciada ou irada.

Melhor que chocolate

Midge DeSart

Como medir o amor? Em algum lugar do passado, eu o media por uma caixa de bombons em forma de coração.

Quando eu era criança, o Dia dos Namorados era uma das datas mais importantes do ano. Certas coisas eram tradição no Dia dos Namorados. Havia uma festa na escola: todos trocavam cartões, e havia muitos bolinhos e chocolates. Meu pai sempre dava uma caixa de bombons a minha mãe.

Depois de abrir seu bombom, mamãe permitia que cada um de seis filhos pegasse um. Era suficiente para nós. Que alegria! Eu ficava ansiosa pelo dia em que também receberia chocolates do meu marido no Dia dos Namorados.

Na primeira vez em que eu e Keith, meu marido, comemoramos o Dia dos Namorados depois de nosso casamento, ele me beijou e foi trabalhar, como fazia todos os dias. Mas eu tinha certeza de que aquele dia seria diferente. Quando voltasse para casa, ele traria aquela adorável caixa de bombons.

Para minha surpresa, ele chegou em casa sem nada nas mãos. Concluí que meu presente estava no carro.

Keith me levou a uma lanchonete para jantar — nada de caixa de chocolate ainda. Enquanto estávamos no carro, dei uma espiada no banco de trás. Não havia nada ali.

Ao chegarmos em casa, Keith não mencionou o Dia dos Namorados. Eu estava nervosa. Como ele poderia ter esquecido uma data tão importante?

— Há algo errado? — ele perguntou, percebendo minha atitude.

— Você deveria saber — respondi. Em seguida, dispensei-lhe o tratamento do silêncio.

Naturalmente, eu também não havia comprado nem uma barra de chocolate sequer. Mas quem comprava a caixa de bombons era sempre papai, não mamãe.

Três dias dos namorados depois, eu ainda não havia ganhado chocolates. Dessa vez, porém, eu tinha uma lista de um quilômetro de comprimento das coisas que deveriam ser melhoradas em nosso relacionamento. Eu odiava vê-lo comendo batata frita na cama, além do fato de ele conhecer cada detalhe de todos os carros que via na rua e achar que todo mundo deveria saber também. Keith chegava a fazer concurso de perguntas e respostas comigo quando saíamos: "Você sabe que carro é aquele?".

Não demorou muito para eu descobrir a diferença entre Ford e Chevrolet e qual era o ano de fabricação de cada modelo.

Mas levou bastante tempo para eu perceber que Keith estava em busca de validação. Ele não queria que eu desse a resposta certa. Queria que eu dissesse: "Puxa, como você entende de carros!".

Quando consertava alguma coisa no carro, ele gostava que eu me sentasse por perto e assistisse. Era sua maneira de dizer: "Olhe para mim. Sou capaz de fazer algo útil e importante". Não percebi isso naquela época porque, afinal de contas, eu era a pessoa mais importante do mundo.

Quando finalmente discutimos meus sentimentos sobre o Dia dos Namorados, Keith disse: "Não preciso dar-lhe bombons para provar meu amor. Não faz sentido que a esposa diga a seu marido que lhe dê presentes".

Achei que ele estava sendo insensível. Por que não conseguia ver as coisas do meu jeito? Se alguém me dissesse que eu era a insensível, certamente não teria acreditado.

Esse padrão destrutivo prosseguiu até que Keith foi enviado ao exterior para servir na guerra. Nosso filho nasceu três meses antes de sua partida. Eu e o bebê nos mudamos para um apartamento perto de meus pais para esperar a volta de Keith.

Naquele ano, num Dia dos Namorados bastante solitário, meu pai me comprou uma caixa de bombons em forma de coração porque presumiu que Keith fazia isso quando estava em casa. Chorei. Papai não sabia que aquela era a primeira caixa de bombons que recebera desde que me casara. Nunca comentei nada a respeito. Não queria que ele pensasse que Keith me desprezava.

Para minha surpresa, no momento em que vi os bombons, percebi que estava apegada a algo sem substância. A viseira do egoísmo desapareceu. Minhas ideias sobre romantismo e como um marido deve agir saíram voando pela janela. O presente de papai abriu meus olhos para que eu percebesse como minha perspectiva era superficial.

Entendi que preferia ter meu marido bondoso, estável e amoroso ao meu lado, com ou sem caixa de bombons. Minha lista mudou repentinamente. Em vez de me concentrar nos aspectos irritantes de nosso casamento, eu pensava apenas nas coisas boas que tínhamos um com o outro. Lembro-me de como ele demonstrava seu amor das maneiras mais diversas. Lembro-me do primeiro ano de nosso casamento, quando ele cuidou de mim num período em que fiquei doente. Ele me forçava a tomar remédios quando eu não queria. Continuou trabalhando todos os dias e cuidando de mim a noite toda. Isso, sim, é amor. Por que não vi isso naquela época?

Keith tem sido um bom provedor, um bom pai e um líder espiritual em nosso lar. O que mais uma mulher poderia querer? Aquilo que eu achava ser um relacionamento romântico era de fato um produto de minha imaginação. O amor não pode ser medido por uma caixa de bombons.

Agora que sou mais velha e mais sábia, sei que é importante contar a Keith o que penso e deixar que ele tire suas conclusões. Aprendi que ele não gosta que pessoas lhe digam o que fazer — ele quer ter suas próprias ideias.

Depois de lhe contar de que modo meu pai iluminou aquele Dia dos Namorados em que ele estava fora, Keith teve "uma ideia", e agora me dá uma caixa de bombons em forma de chocolate todos os dias dos namorados.

Quando olho para trás, para nossos anos de casamento, percebo quantas coisas boas temos juntos. No primeiro ano, não havia jeito. Eu não conseguia ferver água — a panela queimava. Certa noite, cozinhei algo que o livro de receitas chamava de omelete de espaguete. Não consegui comer, mas Keith comeu e ainda disse: "O gosto é bom".

Keith não tem medo de trocar fraldas, lavar roupa ou cozinhar. Na verdade, ele adora cozinhar. Sou a inveja de minhas amigas. O marido delas nem pensa em cozinhar ou lavar a louça.

Agora, quando meu marido me dá uma caixa de bombons no Dia dos Namorados, fico contente por saber que o homem que a dá o faz porque me ama — não porque precisa fazê-lo.

Como você mede o amor? Cada um de nós fala uma "linguagem" do amor diferente. Para Midge, bombons no Dia dos Namorados eram uma indicação de que seu marido a amava. Ela esperava esse presente como uma garantia de seu amor.

Em contrapartida, seu marido aparentemente não entendia a importância de dar presentes como uma forma de dizer "Eu te amo". Ao que parece, ele mostrava seu amor por Midge pelo serviço que lhe prestava — cuidando de suas necessidades físicas e ajudando nas coisas de casa.

Ele dizia "Eu te amo" através de suas ações diárias, mas Midge esperava ouvir "Eu te amo" na forma de um presente.

Como podemos aprender a linguagem do amor de outra pessoa? Às vezes perguntando "O que faz você se sintir verdadeiramente amado?". Outra maneira é prestar atenção em como essa pessoa expressa amor por outros e, então, praticar essa técnica com ela.

O amor pode ser uma linguagem universal, mas seus sons e aparências variam de uma pessoa para outra.

Quem está ganhando a guerra?

Laura L. Bradford

"Por que todas as nossas conversas precisam acabar em briga?", John resmungou. "Só perguntei onde você queria jantar, não quem manda em casa. Tudo bem, você não quer ir ao Andy's Pub porque tem medo de que voltemos muito tarde. Então, qual é a sua escolha? Por acaso temos de ir à padaria e comer um doce, como boas crianças?"

Meu marido saiu esbravejando pela porta para uma noite solitária num barzinho.

Ai! Talvez eu estivesse querendo dominar, mas imaginei que tinha tanto direito de "mandar em casa" quanto John. Durante quatro anos de nosso casamento, fiz que ele se lembrasse regularmente dos meus "direitos". Além do mais, John não sabia como era difícil sair da cama para enfrentar um dia inteiro de trabalho depois de ter dormido apenas quatro horas. Quando íamos ao Andy's, sempre ficávamos até as primeiras horas da manhã.

Se não fosse pelo John, minha vida seria muito tranquila. Eu estava segura de que todos os homens eram impossíveis! Não tinha dúvida nenhuma de que as mulheres eram seres humanos superiores.

Assim sendo, por que casei com John? Fique loucamente apaixonada pelo rapaz mais bonito e alegre que já havia conhecido. John era muito doce. Quando namorávamos, ele me impressionava com sua combinação peculiar de modos cavalheirescos e comportamento cômico. Ele corria para abrir as portas, depois se curvava como o ator shakespeariano que desejava ser. Tratava-me com o respeito que eu sentia que merecia.

Contudo, logo depois que nos casamos, John começou a beber, e a agradável doçura se transformou num monstro. Tentei controlá-lo, fazendo-o parar de beber para evitar seu lado monstruoso. Mas seu comportamento apenas piorou.

É claro que eu não era nenhum anjo, mas sentia que meu comportamento ruim era justificável. Afinal de contas, meu marido era um monstro! Embora eu preferisse uma vida estável com um homem bom, apaixonei-me por John. Desse modo, tentei esculpi-lo até que se tornasse o marido que eu exigia que fosse.

Nossos amigos mais próximos achavam que era apenas uma questão de tempo até que nos divorciássemos. Contudo, eu e John permanecemos juntos, mesmo quando parecia que o mundo inteiro estava divorciando-se. Talvez tenha sido teimosia de nossa parte, querendo provar que nossos amigos estavam errados. Mas alguma coisa fez que permanecêssemos casados. Alguma coisa nos fez temer o divórcio o suficiente para que analisássemos mais detalhadamente a dinâmica de nosso relacionamento. Acredito que essa coisa foi o amor verdadeiro. Quando percebemos quão profundamente amávamos um ao outro, começamos a fazer mudanças com o objetivo de preservar nosso casamento.

A implementação de mudanças em nosso estilo de vida foi o primeiro passo. Deixamos de relacionar-nos com amigos que, acima de tudo, eram uma má influência. Depois, pedimos demissão de nossos empregos estressantes e nos mudamos para uma cidade pequena.

Para meu alívio, John parou de beber. Também tentei mudar meu comportamento, sendo mais compassiva com relação a ele. No entanto, eu tinha a impressão de que não conseguia livrar-me da ideia de que nosso mundo deveria girar em torno de mim. Apesar disso, trabalhamos duro para deixar para trás nosso passado de brigas e buscar um futuro do tipo "felizes para sempre". Compramos uma casa e iniciamos nossa família.

Então, John teve problemas de saúde. Por um curto período de tempo, sua visão ficou embaçada. Depois disso, suas pernas começaram a adormecer e ele passou a ter dificuldades de locomoção. Seu jeito de andar cambaleante me fez pensar que ele voltara a beber, mas John alegava inocência.

Pouco depois do nascimento de nosso filho, John recebeu o diagnóstico de esclerose múltipla — uma doença incurável do sistema nervoso. No momento em que estávamos ocupados tentando mudar nossa vida, a esclerose múltipla ameaçava destruir tudo o que tentávamos construir.

Felizmente nosso filho Danny veio ao mundo, forte e com saúde. Mas John já estava mancando por causa do início da paralisia gradual, sinal de que era portador de uma das piores e mais raras formas de esclerose múltipla. Pouco tempo depois, passou a depender de muletas. Meu coração doía por ele, mas eu era muito egoísta e mal conseguia demonstrar-lhe amor. Eu também tinha pouco tempo para meu marido, uma vez que precisava cuidar de nosso filho.

Em meio ao desespero, John voltou a beber. Meu palhaço alegre se tornara um bufão irado e amargo, não querendo nada com a vida que se tornara tão azeda. Em seu sofrimento, John escondia uma garrafa, reclamando muito se eu tentasse consolá-lo. Eu me afastava e lambia minhas feridas, consciente de minha profunda incapacidade.

Sentia-me presa a uma situação impossível: cuidar de um bebê *e* de um marido deprimido. Eu não podia abandonar John. Entendia que Danny precisava de seu pai, mas eu não tinha recursos para lidar com tantos desafios. Como enfrentar tudo aquilo?

Enquanto eu empreendia uma busca frenética pelas respostas, uma vizinha muito simpática chamada Mary interveio. Ela sugeriu que eu desse uma chance a Deus.

A ideia de depender de um ser invisível era estranha para mim. Contudo, eu estava suficientemente desesperada para começar a ler a Bíblia que Mary colocara em minhas mãos. Nunca fui dada à leitura, mas o livro prendeu minha atenção e não consegui largá-lo! Era como se o autor me conhecesse e estivesse lendo meus pensamentos. Parecia estar contando minha história. Não era um romance muito bonito. Contudo, eu finalmente estava vendo a vida de uma nova perspectiva — uma perspectiva que fez que eu me rendesse a Deus.

À medida que devorava uma página atrás da outra da Bíblia de Mary, fui convencida de que era uma esposa tão ruim quanto John era mau marido. Talvez até pior! Apesar da profunda vergonha dos meus erros, alguma coisa me levava a continuar lendo aquele livro dia e noite. Ele tinha respostas para um coração cheio de perguntas. O que fiz de errado? Por que mereço isso? O que posso fazer para ajudar a John... a Danny... a mim mesma?

As respostas saltavam das páginas com clareza, embora não estivessem escritas palavra por palavra. Tudo era muito estranho. De alguma maneira que eu não entendia, as soluções eram sussurradas ao meu coração.

Quando li o trecho que diz "Amem os seus inimigos, façam o bem aos que os odeiam" (Lc 6:27), algo me avisou: "Esse é o seu plano de batalha".

Fiz careta diante da ideia, ao mesmo tempo que analisava a expressão amarga no rosto do "meu inimigo". Como de costume, John estava sentado do outro lado da sala bebendo, enquanto olhava irritado para uma parede. Amá-lo exigiria mais sacrifício pessoal que eu jamais fizera por qualquer outra pessoa. Contudo, enquanto eu acompanhava Danny brincando calmamente aos pés de seu pai, percebi que precisava fazer aquilo. Precisava amar John, apesar de sua raiva.

Desse modo, orei — sim, eu, a mulher independente e sabedora de todas as coisas *orou* —, pedindo capacidade para amar meu marido.

Comecei a me aproximar cautelosamente de John, nunca deixando de lado a autopreservação. Percebendo minha atitude cuidadosa, John atacava de volta com mais ímpeto que nunca. Percebi que não deveria demonstrar medo e, assim, orei de novo. Dessa vez, pedi força e coragem para reconquistar o coração de John. Continuei aproximando-me dele com amor e alguma gentileza. No início, ele continuou reagindo com raiva e desconfiança, mas persisti na aproximação.

Então, senti-me motivada a começar a elogiar os pontos fortes de John. Estabeleci o propósito de elogiá-lo pelo menos uma vez por dia. Embora ele rejeitasse meu elogio externamente, depois de algumas semanas vi uma pequena rachadura em sua casca protetora. Surpreendentemente, enquanto ouvia minhas próprias palavras de elogio, comecei a apreciar os pontos fortes de John. Ele possuía uma inteligência excepcional, um nível exemplar de responsabilidade por nossa família e um terno cuidado pelos fracos. Apesar de sua raiva interior, John nunca disse uma palavra irada para Danny. Era gentil com nosso filho, pronto a ouvir e ajudar em qualquer coisa que estivesse a seu alcance.

Contudo, as limitações geradas pela doença de John o deixavam frustrado como pai, marido e homem. Além disso, ele carregava cicatrizes de feridas profundas... provocadas especialmente por mim.

Naquela época, percebi quão indesculpavelmente horrível eu agira para com John. Sendo assim, não poderia culpá-lo pelos problemas de nosso relacionamento. No início de nosso casamento, eu agia como uma menina mimada e egoísta. Foi chocante admitir que minhas atitudes em relação a John de fato contribuíram para sua bebedeira, em vez de controlá-la. Havia chegado a hora de tirar os olhos de mim e empregar todo o amor e toda a força que eu possuía para consertar o dano que eu mesma havia causado. Eu não poderia fazer nada para impedir a esclerose múltipla, mas poderia amar John a despeito de sua doença.

O coração de meu marido parecia clamar por tal amor incondicional. Embora nunca tenham saído de seus lábios, seus olhos claramente faziam algumas perguntas: "Você ainda me ama, embora eu não possa abrir-lhe as portas? Você ainda me amará quando essa doença roubar-me toda a dignidade?". Eu não sabia se conseguiria enfrentar o amanhã, mas continuei orando, pedindo força e sabedoria.

Pouco tempo depois, cerquei-me de mulheres de fé como Mary — mulheres que sabiam amar cada uma a seu marido e poderiam ensinar-me a amar John. Logo percebi mudança em minha vida. A menina egoísta não existia mais. Apesar de mim mesma, Deus transformou-me numa mulher de paciência, fé e amor — uma criatura totalmente nova. Isso foi *muito* prazeroso. Por meio do simples ato de amar John, pude ver suas melhores qualidades emergindo para resplandecer com um brilho que eu nunca enxergara antes.

Foram necessários meses de gentileza e compaixão constantes para que o relacionamento se recuperasse. Conforme seguíamos adiante, John parou de beber e sua raiva desapareceu. Meu doce e tolo palhaço voltara.

Com o passar das décadas, nosso amor se fortaleceu diante de cada desafio. Nossa batalha contra a esclerose múltipla prosseguiu por trinta anos. Mas, desde que aprendi o significado do amor, nunca larguei a mão de John. A esclerose múltipla gradualmente tirou de meu marido a capacidade de andar, sentar-se ereto, usar os braços e falar com clareza. Contudo, por mais cruel que a doença tenha sido, serviu de catalisador para extrair o melhor de nosso relacionamento. Fez que eu colocasse meus interesses em banho-maria e apreciasse mais plenamente o homem com quem me casara.

O amor foi a força que permitiu a John ir além de suas limitações. Ele se transformou num marido e pai excepcionais, um mentor apaixonado dos deficientes e, no final, o membro mais entusiasmado de nossa igreja.

No nosso 35º aniversário de casamento, John contraiu pneumonia. Seu sistema imunológico estava destruído, o que o impedia de lutar contra a doença. Enquanto a vida desaparecia de seu rosto, John olhou para mim por cima de uma grande máscara de oxigênio. Seus olhos fizeram sinal para que eu me aproximasse. Fiquei bem perto dele, beijei-lhe a face e então sussurrei: "Eu te amo, John".

Com um pequeno sorriso na face, ele murmurou as palavras "Também te amo" e, então, se foi.

A esclerose múltipla pode ter vencido a batalha, mas o amor ganhou a guerra.

"Amem os seus inimigos, façam o bem aos que os odeiam" (Lc 6:27), foi o que Laura leu. Como podemos mostrar amor a alguém com quem não estamos de acordo? Esse versículo nos diz de maneira implícita: "Façam o bem".

Quando um relacionamento está há semanas, meses ou até mesmo anos enfrentando os fortes ventos das palavras, das emoções negativas e das circunstâncias difíceis, não é suficiente falar coisas da boca para fora. Para que uma pessoa acredite que as atitudes da outra realmente mudaram, o lema se torna: "Mostre-me. Prove".

A constância dos atos benevolentes oferece a prova da mudança. Eles exibem as evidências de crença, esperança e confiança. Revelam que nos importamos o suficiente para considerar a possibilidade de realização de pequenas coisas. Tornam-se uma iguaria irresistível.

Em algum de seus relacionamentos, você se sente como se estivesse duelando com uma espada? Quer injetar esperança, vida e amizade renovadas? Então faça o bem.

Achados e perdidos — quatro irmãs

SARAH B. HAWKINS

PASSEI A MAIOR PARTE DE MINHA VIDA ADULTA tentando distanciar-me de minhas quatro irmãs. Todas eram lindas e maravilhosas, mas um doloroso lembrete de um tempo e de um lugar que eu queria esquecer. Em minhas tentativas de apagar minha infância, apaguei-as também, como se elas nunca tivessem existido.

Sou a mais jovem de cinco filhas que minha mãe teve num período de sete anos. Mamãe era uma beleza clássica na década de 1950, arrebatada por um homem bonito nove anos mais velho que ela. Casou-se com meu pai um ano depois de terminar o ensino médio. Certa vez disse-me que não tinha sonho maior que ser esposa e mãe. A casa onde cresceu era cheia do amor de seus irmãos barulhentos, de seus pais e de uma miríade de tios, tias e primos que rotineiramente passavam por ali. Saiu da única casa que conhecera para uma que ela não poderia ter imaginado.

Meu pai era um alcoólico abusivo e raivoso que fazia e dizia coisas que eu sabia serem ruins, ainda que não as entendesse completamente. Era um estranho em nossa vida — ficava fora por semanas e, então, reaparecia no meio da noite para nos acordar de maneira violenta.

Nunca ouvi nenhuma história sobre a infância de meu pai e jamais o vi como uma pessoa. Ele era uma silhueta escura espreitando à porta de nossa vida e capturando-nos na escuridão.

Crescemos negando que ele tivesse exercido algum efeito sobre nós. Mas ele exerceu. Fomos afetadas todas as vezes que saímos da cama sonolentas, de pijama, e o vimos bater em nossa mãe — ainda que negássemos tal influência sobre nós.

Na maior parte do tempo, eu brincava sozinha ou me aproximava de amigas da vizinhança que aparentemente tinham uma família normal. Todas as vezes que uma amiga precisava entrar para jantar com a família, eu esperava sua volta do lado de fora, sentada no balanço. Era comum ficar até bem depois de escurecer e esfriar, olhando para a janela de minha amiga e sentindo algo que eu não era capaz de descrever.

Por fim, todas as minhas irmãs saíram de casa para cursar a faculdade, casar ou simplesmente fugir da tristeza permanente. Minha mãe passava os dias trabalhando, presa a uma rotina de preocupação e nervosismo. Ela precisava resolver os problemas financeiros criados pelas longas ausências de meu pai. Quando ele voltava, eu passava várias noites preocupada, achando que minha mãe poderia deixar meu pai e esquecer-se de me levar junto.

Durante minha infância, passamos por nove mudanças e, a cada mudança, a casa e as condições de vida ficavam piores. Eu procurava ficar fora o mais que podia. Quando finalmente chegou minha vez de sair de casa, tomei uma resolução definitiva, sem planos de voltar.

Depois da faculdade, ligava para casa no intuito de saber se minha mãe estava bem, mas não mantinha contato com minhas irmãs. Não havia nada em comum com elas. Refugiei-me com amigos que não me faziam lembrar de minha família. Quando chegava o período de festas e meus amigos viajavam para ficar com a família, eu ficava para trás, como fazia na infância, esperando que voltassem.

Os anos se passaram, e a situação de minha mãe piorou. Eu morava a três mil quilômetros de distância quando minhas irmãs se reuniram para ajudar minha mãe a começar uma nova vida. Elas a libertaram de meu pai. Minha irmã mais velha comprou-lhe uma casa nova, e as outras a ajudaram a mantê-la, cortando o gramado e trazendo de tudo, desde mantimentos até produtos de limpeza.

Com o passar do tempo, minha mãe ficou mais feliz do que nunca. Eu a visitava e falava com ela por telefone. Sempre lhe perguntava o que poderia fazer para ajudar, e todas as vezes ela sorria e pedia: "Você pode passar outra noite aqui?".

Anos depois, quando recebemos a notícia de que ela estava com câncer, perguntei-lhe o que poderia fazer por ela. Ela sorriu calmamente e disse: "Você pode amar suas irmãs. E será que você pode passar outra noite aqui?".

Enquanto via minha mãe partir, senti os mesmos medos que sentia quando era pequena — mas dessa vez eu não estava sozinha. Tinha quatro irmãs, cada uma com uma parte de minha mãe dentro de si. Éramos muito diferentes, mas ainda assim tínhamos muito da mesma coisa. Sobrevivemos à mesma infância e descobrimos nossas próprias maneiras de sair dela e encontrar uma vida mais saudável. O mais importante é que todas nós amávamos muito nossa mãe.

Durante sua doença, entendi quão profundamente minha mãe amava cada uma delas. Comecei a ver minhas irmãs com os olhos de minha mãe. Ela me dizia como se sentia segura com uma e feliz com a outra. Esta aqui a fazia sorrir, e ela via a si mesma na outra.

Nos dias e semanas que se seguiram à morte de minha mãe, senti tal perda. Mas escondida no meio do luto estava a gratidão por minhas irmãs, que, com o passar dos anos, deram-lhe coisas que foram muito importantes para sua vida: uma a levava às consultas médicas; outra atendia ao telefone em horas impróprias; uma cuidava para que não lhe faltasse nada; outra deu-lhe o primeiro neto. Amo a todas pelo que lhe deram. Minhas irmãs deram-lhe uma segunda chance.

Hoje todas nós somos mulheres de meia-idade experimentando o tipo de alegria que deveríamos ter vivido quando crianças, mas que não pudemos ter. Sou abençoada. Tenho um marido maravilhoso e um filho adorável. Tenho quatro irmãs a quem amo. Não fico mais sentada do lado de fora da vida de outras pessoas nem me sinto sozinha. Tenho uma família. Até sinto a presença de minha mãe quando estamos reunidos. Por meio de todas essas coisas aprendi o seguinte: o amor verdadeiro é algo que nunca se perde, mas apenas fica escondido por um tempo. Basta que algo ou alguém nos ajude a revelá-lo — como fizeram minhas irmãs.

Como Sarah descobriu, não se trata de um jogo simples quando o amor brinca de esconde-esconde. Quando deixamos que o amor fique oculto, obstruído ou sepultado, talvez não consigamos trazê-lo facilmente de volta à superfície.

Reencontrar a proximidade pode exigir muito esforço. Talvez seja preciso escavar lembranças dolorosas. Talvez tenhamos de renovar nosso relacionamento com outros para que nos ajudem a encontrá-lo. Talvez tenhamos de lidar com questões como perdoar e entender os outros.

Mas trazer de volta o amor oculto é como encontrar um tesouro. Podemos receber recompensas inesperadas que jamais imaginaríamos! E ficamos pensando sobre como pudemos viver sem elas.

Vale a pena buscar algumas coisas na vida — incluindo o amor, mesmo quando ele parece estar se escondendo.

Meu cavaleiro sabe

Leslie J. Payne

"Seu nariz é torto?", perguntei.

Enquanto Richard pensava numa maneira de responder à minha pergunta, ponderei sobre o que me deu na cabeça para fazer uma pergunta tão estúpida. Aquele homem maravilhoso estava gentilmente me perseguindo. Se nosso relacionamento continuasse a evoluir nesse ritmo, minha vida de solteira estaria prestes a acabar. Mas então abri a boca, deixando escapar as palavras antes de pensar em quão rudes elas poderiam parecer.

— Não... — disse ele, hesitante. — Meu nariz é perfeito. O restante do meu rosto é que é assimétrico.

O sorriso simpático de Richard me deu a certeza de que ele era capaz de lidar com minha franqueza.

Se você perguntasse sobre Richard a um de meus vizinhos, ele seria identificado como o homem que usava camisa com punhos abotoados e calça social e que chegou a minha casa dirigindo um Toyota Camry. Contudo, passei a vê-lo como meu cavaleiro numa armadura brilhante. Só lhe faltava o cavalo.

Aliviada diante de seu sorriso, respirei fundo, determinada a dizer-lhe algo que eu temia ser uma verdadeira ducha de água fria.

— Rich, você precisa saber que tomo antidepressivos.

Ele piscou o olho e ficou esperando mais alguma coisa.

— São alguns dos remédios que tomo para controlar a dor. Com os antidepressivos, consigo lidar com a situação quando a dor aumenta. Eles me dão a energia emocional extra de que preciso. Sem eles, fico chorosa e desanimada — expliquei.

Sentindo-me um pouco envergonhada, mordia o lábio inferior enquanto olhava para o chão. Cerca de 70% das pessoas que sofrem de dor crônica tomam antidepressivos como parte do tratamento. Contudo, naquele momento, os fatos não queriam dizer nada — apenas a reação de Richard era importante.

Ele pegou minhas mãos e disse:

— Para mim, não importa o que você tome, contanto que esteja com a supervisão de um médico. Lembre-se — disse ele, olhando nos meus olhos — que acredito que o amor pode ajudar na cura de um jeito que a ciência não pode fazer.

Um doce alívio inundou minha alma ao mesmo tempo que um sorriso se espalhou por minha face. Vários anos antes dessa conversa, um acidente de automóvel virou meu mundo de cabeça para baixo. Todos os cantos de minha vida foram invadidos pela dor física. Mesmo durante minha conversa com Richard, meu corpo inteiro doía, mas comecei a acreditar em sua teoria. A vida era melhor quando ele estava ao meu lado.

Sendo uma mulher solteira e independente na casa dos quarenta anos, às vezes eu sentia dificuldade de me abrir e confiar no amor de Richard. Explicar as realidades da dor crônica parecia ainda mais difícil. Quinze anos mais velho que eu, Richard era sábio o suficiente para me entender e gentil o bastante para me ajudar a suportar aquilo. Antes de nos encontrarmos, ele viveu um casamento feliz até sua esposa morrer de câncer. Em razão da experiência que tiveram, ele sabia que o relacionamento de um casal era mais importante do que as habilidades ou limitações físicas. Embora eu não conseguisse puxar as cordas de seu veleiro nem jogar tênis com ele, Richard estava convencido de que valia a pena manter nosso relacionamento. Alguns meses depois, eu alegremente concordei e, então, nos casamos.

Casar com Richard foi uma decisão fácil. Difícil foi confiar nele em relação a minha dor. Sempre que a dor aumentava, eu ficava em dúvida se devia contar-lhe. Diversas vezes tentei convencer-me de que deveria confiar em seu amor durante mais um episódio de dor. Porém, uma vez que eu mesma tinha dificuldade de aceitar minhas limitações, como poderia esperar que ele as aceitasse? Era comum eu terminar em lágrimas de frustração, desgastada tanto física quanto emocionalmente. Não sendo mais uma mulher forte e ativa, as inseguranças zombavam de mim enquanto eu tentava adaptar-me ao novo papel de esposa. Lá no fundo, eu duvidava se uma mulher cujo corpo doía constantemente poderia ser digna de um amor como o de Richard.

Antes de a dor tornar-se parte de minha vida, eu era bastante ativa. Além de trabalhar, tinha aulas de dança ou dançava três noites por semana. Fazia aeróbica aos sábados e frequentemente passava horas andando de bicicleta aos domingos após o culto. Nas férias sempre havia caminhadas, acampamento, alpinismo e até mesmo passeios de bicicleta por Nova Scotia. Embora eu fosse uma pessoa tímida, essas atividades aumentavam minha confiança e me davam oportunidade de encontrar outras pessoas.

Então, num piscar de olhos numa linda manhã de inverno, minha vida foi transformada. Enquanto estava parada num semáforo e cantava junto com o rádio, um caminhão bateu na traseira do meu carro a toda velocidade. Tive um ferimento raro que gerou danos permanentes em nervos e músculos do pescoço, ombros e costas. Nos dezoito meses seguintes, minha vida girou em torno de fisioterapia, consultas médicas e neurocirurgia experimental. Incapaz de trabalhar, perdi o emprego. Não tinha mais encontros sociais porque precisava de muita energia para suportar a dor. Foi uma época muito desafiadora. No meio de tudo isso, descobri uma profunda dependência de Deus e uma força interior que não imaginava possuir.

Na mesma época, em outro canto do meu estado, Richard passava por seus próprios momentos difíceis. Linda, sua esposa havia 23 anos, perdeu a batalha para o câncer de mama. Enquanto cuidava de Linda e durante o período de luto por sua morte, ele também descobriu novas coisas sobre si mesmo e sobre Deus. Após alguns anos de viuvez, Richard se propôs a procurar uma nova esposa com quem pudesse compartilhar a vida. Foi então que nos encontramos.

Hollywood talvez nos faça acreditar que, quando nos apaixonamos, todos os problemas desaparecem — tudo isso enquanto uma linda música é executada ao fundo. Embora Richard tenha trazido coisas novas e maravilhosas a minha vida, minha dor física era uma constante.

Lembro-me da primeira vez em que cancelamos planos porque eu não estava bem para sair. Como tenente-coronel da Força Aérea, Richard não estava acostumado a cancelar planos de maneira alguma. Embora minhas lágrimas o tenham convencido de que minha dor era real, cancelar um jantar com amigos era algo que ia contra seus princípios. Enquanto ponderava se minhas lágrimas eram genuínas ou uma forma de manipulação, questionei se algum dia ele seria capaz de entender de que modo a dor constante me desgastava e se nosso casamento seria repleto de desapontamentos similares.

Nas primeiras semanas de nossa vida conjugal, demos início ao processo de aprendizado que continua até hoje. Observávamos os padrões de minha energia e dor, tentando imaginar o melhor uso que poderíamos fazer dessa informação. Quando viajamos, por exemplo, sei que posso aguentar três dias, mas, então, preciso de um dia de descanso; desse modo, fazemos o planejamento de acordo com esse padrão. Em casa, defino um "momento de férias diárias", de modo que meu corpo possa relaxar. Em nosso veleiro, temos travesseiros especiais que fornecem o conforto e o apoio de que meu corpo precisa. Richard aprendeu a confiar que, nas noites em que não consigo dormir, ficarei melhor se sair da cama.

Depois de tantos anos fazendo as refeições sozinha, tem sido uma alegria cozinhar para meu marido. Mas, logo no início de nosso casamento, precisei aprender a planejar o jantar com antecedência. Quando era tarde demais para preparar a refeição, eu já estava exausta, quase sem energia para cozinhar. Em vários momentos, minha sensação era de que eu temperava o jantar com minhas lágrimas salgadas enquanto tentava seguir adiante em meio à dor.

Desde então, aprendi a preparar o que posso no início do dia, quando tenho mais energia. Ainda assim, algumas vezes, não tenho forças para preparar uma refeição. Em vez de chorar, digo a mim mesma: "Confie no amor de Richard; deixe que ele cuide de você."

Sem lágrimas e sem drama, digo a meu marido: "Não posso fazer isso".

Ele responde com aquelas três pequenas palavras cheias de amor: "Vamos comer fora". Transformamos isso numa situação em que todos saem ganhando. Ele demonstra sua proteção amorosa por mim, eu mostro que confio em sua proteção, e nós dois somos poupados das lágrimas.

Também desenvolvemos nossa própria linguagem cifrada. Quando me sinto bem, tal qual um surfista habilidoso, estou "na crista da onda" e tenho uma visão maravilhosa do mundo. Quando a dor começa a se aproximar, só preciso dizer "Estou caindo". Richard sabe que estou "apagando" e pergunta se pode fazer alguma coisa para ajudar.

Em todos esses anos de nosso casamento, temos trilhado um longo caminho de confiança mútua no que se refere a minha dor. Ele sabe que não o manipulo usando a dor como desculpa. Sei que posso confiar que ele me apoiará durante o desconforto crescente.

Já evoluímos bastante, mas ainda continuo aprendendo. Na última quinta-feira, por exemplo, assim que entramos no carro para nos encontrar com alguns amigos em um piquenique, senti minha prancha de surfe imaginária começando a escorregar. Minha energia se foi, e minhas forças começaram a desaparecer. Não sei por que fiquei quieta. Acho que ainda queria ser a "Mulher Maravilha".

Estávamos a um quilômetro de casa e lembrei-me da confiança que poderia ter no amor de Richard. Mordi meu lábio inferior e disse:

— Preciso dizer-lhe uma coisa. Estou caindo.

Senti-me um verdadeiro fracasso. Não conseguia acompanhar o resto do mundo. Desviei o olhar de Richard, tentando livrar-me das lágrimas.

Ele não disse nada.

Na primeira oportunidade, fez um retorno e seguiu para casa. Abriu a porta, estendeu-me a mão e disse:

— Assim que entrarmos em casa, vou colocá-la na cama para que você possa descansar.

As lágrimas rolaram por minha face. Sorri, muito agradecida por ter aprendido a confiar no amor protetor de meu marido. Pensei ter ouvido o barulho dos cascos dos cavalos batendo no piso. Virei-me para olhar para Richard e pude vir o sol refletindo em sua armadura. Meu belo cavaleiro de nariz torto e sorriso maravilhoso estava me resgatando outra vez.

Qual é o significado de resgate?

Todos nós temos idiossincrasias e áreas na vida em que precisamos de ajuda. Para Leslie, resgate era ver seu marido acreditando nela e apoiando-a no processo de controlar a dor, ainda que ele não entendesse completamente.

Pode ser que, para você, resgate signifique que seu cônjuge leva as crianças para dar uma volta quando elas passam dos limites. Ou talvez signifique um amigo que o convida para jantar quando você precisa conversar. Ou alguém que o ajuda com coisas práticas quando você se sente sobrecarregado.

Graças à bondade, não precisamos enfrentar sozinhos os desafios da vida. Realmente precisamos uns dos outros. É comum que amar signifique sair em resgate quando uma pessoa com a qual nos importamos precisar de nós.

Agradeça hoje a uma pessoa pela maneira que ela o resgata. Fique atento às maneiras pelas quais pode trazer alívio e resgatar aqueles a quem ama.

O coração de Springfield

Jon Hopkins

Ao olhar através do "Eu te amo" escrito no vidro embaçado da janela de meu Mustang 1974, vi vultos em frente às luzes de lampião do parque, todas cheias de mariposas. De repente, algumas pessoas começaram a correr na direção de meu carro. Carregavam bastões de beisebol. Duas batidas fortes na frente do carro fizeram minha namorada gritar. Cobri sua cabeça com meus braços e puxei-a para perto de meu peito.

Um rosto encostou-se ao vidro pelo lado de fora.

— Ei, há uma garota aqui dentro.

Bateram no vidro e disseram:

— Desculpe, cara, carro errado.

Então, foram embora correndo pelo gramado do parque. Abaixei o vidro, inclinei-me para fora e disse com a melhor voz de macho que pude fazer: "Olha, é melhor vocês correrem mesmo!".

— É melhor encontrar um lugar diferente para conversarmos — eu disse a minha namorada enquanto saíamos dali. Depois de um longo silêncio, ela respondeu:

— Você precisa é arrumar um emprego e levar-me a um encontro de verdade.

Mais tarde, quando a deixei à porta de seu alojamento na universidade, pensei em quanto gostava dela. Ficava pensando quando saberia se ela realmente me amava.

A senhora de idade colocara um anúncio no jornal *Springfield News*. Não me recordo de seu nome. Era uma senhora miúda, e sua aparência me fazia lembrar da senhorita Havisham, daquele romance de Dickens sobre expectativas: a mulher má que odiava os homens porque fora abandonada no altar.

Usava um vestido cinturado cinza de algodão, que tinha a saia plissada e uma gola que lembrava os guardanapos de pano de minha avó feitos à mão. Seus cabelos brancos estavam extremamente puxados, além do que parecia possível, presos num coque fechado na base de seu longo pescoço. Tinha um nariz pontudo e lábios que quase não se podiam ver. As únicas rugas visíveis estavam em ambos os lados das finas linhas de seus olhos.

Ela me convidou para entrar.

— Espere aqui, meu jovem — ordenou ela numa voz monotônica, enquanto deixava a sala. — Preciso dar uma olhada no meu marido.

Eu não poderia imaginar que ela fosse casada.

Fiquei ali, ansioso, durante aquilo que pareceu uma eternidade, arrastando os pés enquanto esperava sua volta. No centro da sala havia uma mesa coberta com uma toalha que também parecia ter sido feita à mão. Na mesa havia copos e pires finos, delicados e frágeis, todos dispostos com precisão. Não havia nada fora do lugar.

Dei um passo para trás e bati numa grande cristaleira com vidros lapidados nas portas. Através do vidro, pude ver pequenas e delicadas estatuetas. Estava claro que eram de algum lugar distante.

— Moço?

Pulei.

— Pois não, senhora?

Ela me entregou uma caixa. Era feita de cerejeira, com moinhos de vento entalhados.

A senhora abriu a caixa e tirou duas luvas brancas. Enquanto as colocava, disse:
— Você vai trabalhar para mim.
Era uma declaração, não um questionamento.
— Vou pagá-lo por isso, mas preciso dizer que será no final do dia. Se você trabalhar da maneira como quero, voltará outro dia.
Depois disso, tirou uma pequena colher de prata da caixa, olhou para seu próprio reflexo no talher e delicadamente o colocou ao lado de um pires sobre a mesa com a toalha feita à mão.
— Estas são para minhas meninas — disse ela com orgulho.
— Jogamos *bridge* às quintas-feiras.
Era terça-feira.
Acompanhei-a até a garagem pelo lado de fora da casa. Enquanto empurrava um cortador de grama novo em folha, ela me explicou como apertar o botão de partida.
— Exatamente três vezes. Depois você puxa a corda. Assim.
O cortador ganhou vida, e comecei a trabalhar. Percebi que ela não havia voltado para dentro de casa. Estava ali, olhando para mim enquanto eu ia e voltava por seu gramado.
Quando terminei de cortar a grama, ela me mandou tirar todas as aparas do gramado e jogá-las fora. A seguir, mandou-me varrer a calçada, apontando todas as folhas de grama que eu havia deixado.
Depois de eu ter realizado todas as tarefas que a senhora solicitou, sempre de acordo com seu desejo, ela preencheu um cheque e, então, perguntei sobre seu marido.
— Ele está lá em cima — disse ela. Logo em seguida, completou:
— Volte na próxima terça-feira, no mesmo horário.
— Sim, senhora.
Na sexta-feira daquela semana, levei minha namorada para jogar *squash*. Achei que seria legal. Fiz uma jogada de efeito, e a bola bateu na parede frontal da quadra. Quando voltou, acertou a nuca dela, fazendo um som bem alto. Ela colocou a mão na

cabeça e virou-se para mim. Não exibia o olhar amoroso que eu estava esperando.

———

Terça-feira. Nesta semana, eu deveria cortar a grama e, depois, arrancar o mato do jardim. A senhorita Havisham ficou olhando para mim o tempo todo por trás das janelas.

———

Em nosso encontro seguinte, fomos a um ringue de patinação com o grupo da igreja. Segurei a mão de minha namorada como faziam os profissionais na televisão. De repente, alguém nos atingiu por trás. Caímos todos. Minha namorada bateu o rosto no chão. Havia sangue por toda parte. Ela machucou o lábio e quebrou um dente. Odiei ver todo aquele sangue.

Naquele exato instante, descobri que realmente me importava com aquela garota. Mas as coisas continuavam dando errado quando estávamos juntos. "Será que ela se importa comigo?", eu pensava.

———

Terça-feira, de novo. Cortei a grama do quintal e então lavei as janelas — com vinagre e jornal!

— Isso as deixa com mais brilho que aquelas coisas engarrafadas — disse a senhora sem sorrir. Eu não tinha certeza se ela estava brincando ou não. Ficou do lado de dentro enquanto eu lavava pelo lado de fora, apontando cada mancha que eu deixava passar, até que a janela ficasse completamente limpa. Quando cheguei ao terceiro lado da casa, já havia pegado o jeito da coisa: nada mais de manchas. Fiquei surpreso ao vê-la me deixar trabalhando sozinho.

Continuei assim, semana após semana, e minha namorada continuou concordando em sair comigo. Nós nos víamos todos os dias na biblioteca da escola, mas eu não tinha certeza se ela me amava.

Nas semanas seguintes, a senhorita Havisham parou de me olhar enquanto eu trabalhava. Foi bom saber que ela finalmente confiava em mim. Percebi que ela passava grande parte do tempo no andar de cima. Então, numa terça-feira, enquanto eu me preparava para cortar a grama, ela me parou.

— Vai chover hoje. Preciso de sua ajuda lá dentro.

"Que ótimo", pensei. "Não sei dobrar toalhas."

Fomos ao andar de cima e ela me levou a um quarto nos fundos da casa. Um painel de madeira escura cobria as paredes, chegando até o teto. No centro do quarto havia uma cama sem lençóis. Ela me levou até um *closet* e disse:

— Precisamos limpar tudo isso hoje.

O *closet* estava repleto de roupas masculinas — ternos e camisas, todos imaculados.

— Ele sempre gostou das coisas *exatamente assim* — disse ela, dobrando as roupas e colocando-as numa caixa com uma etiqueta em que estava escrita a palavra "afeto". Encontrei uma pilha de revistas velhas no fundo.

— Isso vai para o lixo — disse ela rapidamente.

Então, começamos pela prateleira de cima. Fiquei surpreso com o fato de ela realmente me ajudar na tarefa. Havia alguns chapéus naquela prateleira; 23, para ser exato. Entreguei-lhe alguns, e ela os colocou na caixa. A seguir, peguei vários de uma vez e entreguei-lhe. Eles caíram no chão. Pensei que fosse gritar comigo por ter sido tão atrapalhado.

A senhora se curvou e retirou um deles da pilha. Era um chapéu-panamá com uma enorme fita vermelha e azul em volta. Segurou-o e olhou sua lateral.

Pela primeira vez, vi seu sorriso. Sua boca se abriu. Seria aquilo o início de uma risada? Colocou o chapéu sobre a cama e começou a escolher outros. Jogou um chapéu coco preto no saco de lixo, junto com as revistas. Trabalhamos juntos, separando os chapéus.

A senhorita Havisham disse-me que ela e seu marido se mudaram para Springfield junto com a chegada da ferrovia e começaram do zero. Contou-me que era muito preguiçosa no início de seu casamento. Eu disse que não podia acreditar.

Ela então pegou um lindo chapéu diplomata marrom. Tirou o pó com seu vestido, analisou-o por alguns instantes e, então, colocou-o na minha cabeça. De repente, com um vigoroso movimento de sua mão, abaixou a aba. Sentei-me, chocado. Prendi a respiração. Coloquei a aba de volta no lugar bem a tempo de ver uma lágrima escorrendo por sua face.

Ela rapidamente tirou o chapéu de minha cabeça e colocou-o na cama, junto com o chapéu-panamá, e disse:

— Não vou precisar de você na semana que vem.

Meu coração desfaleceu.

— Mas preciso do dinheiro para sair com minha garota.

— Você conseguirá. Tenho certeza disso.

Terminamos de fechar as caixas e levei-as para baixo.

— Posso ficar com um desses chapéus? — arrisquei-me a perguntar.

— Estou saindo de férias por uns tempos — disse ela, como se não tivesse escutado. — Alguém vai cuidar da casa para mim.

E entregou-me o cheque.

Enquanto eu abria a porta para sair pela última vez, ela me tocou de leve no ombro. Quando me virei, colocou o chapéu-panamá na minha mão.

— Aqui — disse ela — veja se serve em você.

Olhou para mim e sorriu. As linhas próximas aos seus olhos se estenderam até as maçãs do rosto.

Naquela semana, usei o chapéu ao levar minha namorada a um lugar do qual ouvira falar. Debaixo da ponte havia uma tubulação de drenagem que passava sob uma estrada. Meu amigo disse que era fascinante ouvir o barulho que os carros faziam ao passar pela estrada, logo acima da tubulação. Quando os veículos passavam sobre as emendas da estrada acima, faziam um ruído como um *tum-tum* que ficava mais alto conforme eles se aproximavam do ponto onde estávamos, embaixo da ponte. Ele disse que aquele era um lugar bacana onde ficar, especialmente com uma garota. As pessoas o chamavam de "o Coração de Springfield".

Enquanto estávamos ali, minha namorada olhou-me de repente, de um jeito engraçado. Pegou meu novo chapéu-panamá, colocou-o de lado e sorriu.

Fiz menção de colocá-lo de volta e, então, parei. Vira aquele olhar antes, no rosto da senhorita Havisham. Será que seu marido sempre o colocava na posição que queria?

"Que estranho", pensei. "Só fui trabalhar com aquela senhora para conseguir dinheiro e deixar minha namorada feliz." Pensei na razão de o marido da senhorita Havisham estar o tempo todo no andar de cima e por que tudo precisava ficar *exatamente assim*. Ao conversar com ela naquele último dia, descobri que ela fazia tudo aquilo pelo marido. Até mesmo limpar as janelas com jornal e vinagre era a maneira dele de fazer as coisas, e era o modo dela de mostrar-lhe quanto o amava.

Naquele momento, enquanto olhava para minha garota, percebi que em todos os encontros que a levei fizemos o que eu queria fazer. Ela sempre dizia sim e, mesmo quando as coisas saíam mal, nunca reclamava. Estava disposta a fazer qualquer coisa do meu jeito — exatamente assim. Foi triste nunca ter visto a senhorita Havisham sorrir até a partida de seu marido. Fiquei pensando se ela gostava de fazer as coisas "exatamente assim", como seu marido queria que fossem feitas. Ela serviu tendo o amor como motivação, mas será que seu marido retribuiu? Tive a impressão de que não.

Sentia o chapéu torto na minha cabeça e olhei para os olhos sorridentes de minha namorada. Naquele momento, ali no Coração de Springfield, entendi do fundo do coração que ela realmente me amava.

Mas será que eu a amava de verdade? Sabia que queria ver aquele sorriso todos os dias de minha vida.

Dei um tapinha no chapéu e deixei-o do jeito que ela queria.

Então, de longe, ouvi. Conforme as batidas ficavam mais altas, minha namorada colocou seu rosto com força no meu ombro. Quando passou, levantei seu queixo, dei-lhe um beijo suave e disse:

— O que você quer fazer na semana que vem?

Um ano depois, nós nos casamos — no lugar que ela escolheu.

Amar significa servir, como Jon aprendeu com a senhorita Havisham. Ele aprendeu que a devoção da senhorita Havisham por seu marido levou-a a buscar agradá-lo.

Mas Jon também destaca outro tipo de amor que descobriu: um que separa um tempo para olhar a pessoa com quem nos importamos e perguntar: "O que esta pessoa quer? Estou controlando demais?".

Às vezes presumimos que aquilo que queremos e aquilo de que gostamos é também o que a outra pessoa deseja. Mas como Jon descobriu, as coisas não são necessariamente assim. Jon aprendeu a olhar com vagar para sua namorada e descobrir o mundo dela, para fazer as coisas que a fariam sorrir.

Quando aprendemos a olhar para as necessidades, os desejos e as preferências dos outros, os relacionamentos se transformam em situações nas quais todos saem ganhando.

A garota que tocou meu coração

Barbara L. Scott

Eu a vi no final de setembro, no dia de matrícula na universidade em que eu trabalhava. Ofereci-me como voluntária para receber os novos alunos, mas evitei aquela estranha recém-chegada.

Sua cabeça estava raspada, com exceção de um longo tufo de cabelo roxo, esquecido e pendurado diante de seus olhos. Seu macacão era pelo menos três números maior e parecia ser sua roupa favorita havia muito tempo. Coturnos de exército surrados complementavam sua vestimenta.

Nunca vi tantas perfurações numa única pessoa, e nenhuma delas tinha um brinco. Ela era uma verdadeira almofada de alfinetes humana. Em seu pescoço havia uma coleira de cachorro, combinando com a corrente pendurada que ia do bolso de trás do macacão até outro bolso perto do joelho.

Aquela era uma universidade cristã. "Como é que essa fã de música *punk* acha que vai representar Deus com essa aparência?", eu pensava.

Lembrei-me da época em que meu filho mais novo usava cabelo comprido e *jeans* surrado no ensino médio. Mas agora ele e sua esposa eram missionários na Tailândia.

"Fico muito feliz por ver que meus filhos superaram essa fase de rebelião", pensei, sem jamais notar que o orgulho e o julgamento rodeavam meu pescoço, mais apertados que a coleira que ela usava.

Durante o primeiro trimestre da escola, eu cruzava com aquela menina estranha por onde quer que fosse no *campus*. Ela sempre almoçava sozinha, mas fiz questão de pedir a outros funcionários que a acompanhassem; afinal de contas, ela era simplesmente uma aluna.

Certa noite, eu e meu marido saímos para jantar. Um mendigo em péssimas condições estava na calçada perto do restaurante, segurando uma caneca e pedindo esmolas. Fiz todos os esforços para evitar contato visual enquanto o contornava rapidamente pelo caminho.

Alguma coisa me perturbou durante o jantar. Será que eu não havia lido em algum lugar na Bíblia que "o que vocês fizeram a algum dos meus menores irmãos, *a mim* o fizeram" (cf. Mt 25:40, grifos da autora)? Eu poderia ter colocado uma moeda ou duas na caneca daquele homem. Por que não o fiz?

Mais tarde, naquela noite, eu ainda lutava com a questão de amar aqueles que são impossíveis de serem amados. Fosse o sem-teto ou a roqueira, parecia que eu julgava as pessoas por sua aparência. Como eu poderia ajudar alguém que não cheirava bem ou que não se vestia como eu imaginava ser o modo correto?

"O exterior é um reflexo do interior, não é?", eu justificava. Os outros não me julgariam por minhas companhias se eu me juntasse a pessoas como aquelas?

Para mim, parecia que a maneira como as pessoas se vestiam sempre significava "Não converse comigo", "Não me toque", "Não olhe para mim".

Ou será que poderia estar dizendo o contrário?

Fosse o que fosse, eu queria amar como Deus ama — muito além das aparências, indo às profundezas do caráter. Queria ver com os olhos de Deus.

"Senhor, ajuda-me a amar aqueles que são impossíveis de ser amados", orei enquanto pegava no sono.

— Barb! — ouvi claramente no meio da noite.

Meu marido parecia estar dormindo, mas talvez estivesse brincando.

— Que foi, Gary?

— O que? — disse ele, quase dormindo.

"Que estranho!", pensei, enquanto voltava a dormir.

— Barb.

— O que é, Gary? — repliquei em voz alta.

— Não chamei você — meu marido respondeu.

"Puxa! Isso está parecendo aquela história de Samuel sendo chamado por Deus durante o sono. Não pode ser."

Mais uma vez adormeci e, como era de esperar, lá estava a voz de novo.

— Barb.

— Tudo bem, Senhor. Vou levantar.

Arrastei-me até a sala de estar e esperei que Deus falasse, mas não aconteceu nada. Fui ao lugar onde sei que ele sempre falou.

Abri minha Bíblia em 1João 3:17: "Se alguém tiver recursos materiais e, vendo seu irmão em necessidade, não se compadecer dele, como pode permanecer nele o amor de Deus?".

Percebi que estava sendo hipócrita. As pessoas impossíveis de ser amadas estavam por todo lugar, mas eu as ignorava intencionalmente. Todo mundo tem o direito de ser amado. Meu amor pelos outros precisava ser autêntico e puro.

No dia seguinte, a garota de roupas surradas e cabelo roxo estava almoçando sozinha, como sempre.

— Posso sentar-me aqui? — perguntei.

— Claro — ela respondeu com alegria.

— Qual é o seu nome?

— Angela.

— Gosto muito desse nome. Eu e meu marido queríamos dar esse nome ao nosso segundo bebê, mas nasceu um menino — comentei. Eu e Angela rimos.

— Meu nome é Barb. De onde você é?

— Corvallis, no Oregon.

— Oh, moramos em Eugene por muitos anos. Agora moramos em Seattle, mas minha mãe viveu em Corvallis.

Era difícil deixar de olhar para os pinos de segurança pendentes de suas orelhas, e eu nunca vira um *piercing* entre os olhos. "Será que isso não machuca?"

No entanto, era fácil conversar com Angela, de modo que passei a almoçar com ela vários dias por semana e cumprimentá-la sempre que nos víamos no *campus*. Não demorou muito e passei a não notar os *piercings*, a franja roxa ou as roupas largas.

Cerca de um mês depois, notei uma mudança dramática.

— Alguém pediu para você tirar os *piercings*?

— Não — Angela respondeu com indiferença. — Simplesmente decidi tirá-los.

Percebi que seu rosto era muito bonito, agora que podia vê-lo.

Em novembro, fui a uma grande livraria na cidade comprar presentes de Natal. Angela montou uma mesa do lado de fora para fazer embrulhos para presente e levantar algum dinheiro para uma viagem missionária. Eu estava comprando um diário específico para minha nora que vive na Tailândia.

Agora, eu e Angela éramos amigas. Ela sabia onde estavam todas as coisas na loja, de modo que me ajudou com as compras. Passamos ótimos momentos conversando sobre a escola e as festas. Este ano seria bem diferente para ela. Seria o primeiro Natal longe de casa. Angela estava ansiosa para oferecer um Natal especial para os órfãos de um país pobre.

Algumas semanas depois, Angela me disse que ganhara tanto dinheiro embrulhando presentes que conseguira o suficiente não apenas para pagar sua viagem missionária, como também para ajudar alguns outros alunos a compor seu fundo para a viagem missionária.

Na época do Natal, Angela já havia deixado o cabelo crescer, cortara a longa franja e a tingira para ficar da mesma cor natural de seu cabelo, que era castanho-claro. Pouco antes de Angela partir para sua viagem missionária, eu a vi usando saia! Ela estava muito bonita.

Não aguentei. Precisava dizer alguma coisa.

— Angela, você está linda. O que a fez mudar de modo tão dramático?

— Bem, imaginei que, se você pôde me amar quando eu tinha aquele jeito esquisito, então as outras pessoas também me aceitariam se eu tivesse uma aparência normal.

Angela não foi a única pessoa que mudou. Quando pedi a Deus que me ensinasse a amar aqueles que são impossíveis de ser amados, tornei-me mais compassiva em relação àqueles que eu julgara pela aparência.

Vi quem era Angela, muito além de sua aparência. Aprendi a ver com os olhos de Deus. Isso mudou minha vida. Agora vejo coisas com um novo coração, um coração que enxerga com os olhos de Deus e ama todas as pessoas.

Em sua jornada para aprender a amar Angela, Barbara ponderou se a garota se vestia de modo estranho porque queria ficar sozinha... ou se estava tentando desesperadamente chamar a atenção de alguém.

O que se pode concluir é que a aparência de Angela era seu grito, seu modo de dizer "Por favor, alguém me ame, ainda que eu tenha escolhido parecer estranha". Frequentemente, aqueles que parecem importar-se menos com o que os outros pensam são os que de fato mais se importam com o que os outros pensam deles.

Como Barbara aprendeu, não podemos guiar-nos pela aparência de uma pessoa. As aparências não são uma mostra do coração e da alma. Podem ser, no máximo, uma maneira de se destacar da multidão, de dizer "Por favor, preste atenção em mim. Por favor, seja meu amigo". E, às vezes, até mesmo "Por favor, ajude-me".

Quando aprendemos a amar a despeito da aparência externa, como Barbara aprendeu, podemos encontrar uma joia oculta!

Um coração ferido é libertado

Amy Chanan

Palavras vis e degradantes ecoaram por toda a vizinhança. Acusações lançadas como fogos de artifício, reverberando pela rua para que todos ouçam. Quem poderia dizer coisas assim a seu marido, um homem que todos sabiam ser altruísta e amoroso?

Infelizmente, *eu podia*. E disse.

Não sou o tipo de pessoa que ataca alguém verbalmente. Normalmente sou carinhosa e terna. Bem, pelo menos eu era até descobrir a infidelidade de meu primeiro marido. A verdade de seu estilo de vida oculto traspassou minha alma. Chorei por todos os poros do meu ser. Contudo, à medida que as semanas se transformaram em meses, uma nova emoção penetrou meu coração: a ira. Eu sempre o apoiei e incentivei. Fiquei ao seu lado nos bons e nos maus momentos. *E recebo isso em troca?*

Os detalhes de seu vício sexual me enfureceram ainda mais. Emoções brutais explodiram dentro de mim quando amigos e familiares ficaram do lado dele. "Como? Por quê? Não é culpa minha! Por que não estão apoiando a mim?" Minha indignação continuava a crescer. Explodi de um modo tal que faria um vulcão parecer um animal domesticado. A ira jorrava de dentro de mim.

Após quase um ano, minha ira finalmente diminuiu. Alguns amigos me apresentaram a A.J., um homem extremamente bondoso. Conversamos informalmente numa pequena reunião. Um mês depois, ele perguntou se eu sairia com ele.

O medo me consumiu, a despeito das boas qualidades que detectei nele. Um dia conheci o amor, e ele me custou tudo. Eu não tinha nada mais para dar, ao mesmo tempo que protegia temerosamente as poucas porções restantes de meu espírito livres de cicatrizes. Tentei afastá-lo de mim, mas ele foi gentilmente persistente. Por fim, aceitei o convite. Começamos a nos ver com regularidade e, apesar de minha apreensão, logo percebi que estava apaixonando-me.

Certa noite, A.J. encontrou-se comigo no Chuck-E-Cheese's Pizza, na festa de aniversário de minha filha. Depois de brincar, abrir presentes e comer bolo, levamos Samantha à casa de seu pai e, então, voltamos ao restaurante para que A.J. pegasse sua picape. Enquanto estávamos naquele lugar tão improvável, nossa conversa evoluiu para um assunto ainda mais improvável: casamento.

Eu amava A.J. tão plenamente quanto meu coração ferido permitia, mas estava certa de que não poderia firmar um relacionamento sério com ele até que estivesse recuperada da dor relacionada a meu primeiro relacionamento. Ele gentilmente concordou em esperar o tempo que eu achasse necessário. Eu não poderia oferecer nenhuma previsão; apenas descansei no fato de que eu saberia quando o momento certo chegasse.

Esse dia chegou alguns meses depois. Cheia de confiança e tranquilidade, olhei nos olhos daquele que tão pacientemente superou meu medo de amar e disse-lhe:

— Estou pronta.

A face de A.J. brilhou. Como se flocos de neve girassem ao meu redor e as folhas do pinheiro caíssem no chão, ouvi uma voz familiar dizer:

— Amy, você quer casar comigo?

Minha cabeça parou de girar quando percebi que ainda não havia respondido e que A. J. estava prestes a perguntar pela terceira vez.

— Sim! — disse eu, com toda a força do meu ser.

Quatro meses depois, meu nome mudou. Não era mais Amy Jenkins, mas Amy Chanan. Eu também não era mais a pessoa atenciosa e cuidadosa que A. J. passara a adorar. Minha mente conhecia apenas um jeito de ser esposa. Reproduzi involuntariamente os mesmos hábitos ruins que eu e meu primeiro marido havíamos criado. Meu coração sabia que a vida conjugal não precisava ser marcada de brigas constantes, mas minha boca continuava no piloto automático, derramando palavras ferinas sobre o homem que eu mais estimava.

A maneira como eu tratava A. J. me irritava muito. Eu tivera uma segunda chance no amor e estava casada com um homem incrível, mas tinha certeza de que destruiria nosso relacionamento se eu não mudasse. Tentei com todas as minhas forças, mas as vozes do passado me assombravam. Recordei as inúmeras vezes em que meu primeiro marido falou sobre meu problema com a ira. Lembrei-me das palavras de meus familiares durante a irada fase de pesar que enfrentei. "Amy, nunca vimos esse seu lado antes." "Você não pode deixar que isso a irrite tanto." "Amy, estamos assustados com você." "Acho que realmente sou uma pessoa raivosa", finalmente disse a mim mesma.

Eu odiava esse fato. Dirigia estudos bíblicos e prestava trabalho comunitário. Tinha uma vida boa, a não ser por meu segredo não tão secreto: meu humor continuava piorando. Eu era cordial com estranhos, mas os mais chegados viam um lado diferente, uma faceta que os feria e que me devastava.

Eu não queria ser má. Simplesmente não sabia fazer outra coisa.

Durante mais uma rodada de ira, depreciei A. J. com palavras degradantes. Nem sequer me lembro da razão de ter ficado tão irritada, nem mesmo o que disse, mas lembro-me claramente da ira intensa e das emoções exaltadas que experimentei. Eu estava pronta para aquele temerário jogo de elevação da tensão que eu e meu "ex" jogamos por tanto tempo. Mas, em vez de entrar no jogo comigo, A. J. fez o impensável.

Ele gentilmente colocou as mãos sobre meus ombros, olhou-me direto nos olhos e disse:

— Amy, sei que essa não é você. Você sofreu muito, e o que está fazendo agora é apenas uma reação a tudo aquilo.

As algemas autoimpostas que me prenderam por tanto tempo caíram no chão ao mesmo tempo que lágrimas jorravam de meus olhos.

— Sinto muito. Sinto muito mesmo — foi tudo o que consegui dizer em meio a soluços. — Por favor, perdoe-me.

Uma transformação ocorreu dentro de mim naquela noite. Não posso dizer que nunca mais explodi e que entendi de um momento para outro o que significava amar *e* estar casada. Isso veio com o tempo. Mas, naquele momento tão importante, A. J. me deu um presente inestimável ao enxergar além do meu comportamento e perceber meu coração ferido. Ele me libertou da necessidade de viver de acordo com o rótulo que eu vergonhosamente carregava. Destacou repetidas vezes meus atributos e impediu que eu me concentrasse unicamente em minhas deficiências. E ainda me ensinou a amar os outros *e* a mim mesma.

As pessoas me perguntam como pude amar novamente depois de tudo o que passei em meu primeiro casamento. Minha resposta é simples: "Você precisa conhecer o A. J. Ele fez que amar fosse algo muito fácil".

Pessoas feridas ferem pessoas. O ditado é muito verdadeiro. Tal como um animal machucado, quando uma pessoa vive num mundo de dor, sua personalidade costuma ficar distorcida. A pessoa pode atacar com raiva aqueles que estão mais próximos.

Quando somos feridos, normalmente leva mais tempo que esperamos para nos recuperarmos da dor e do trauma. Às vezes, o menor sinal de estresse ou qualquer lembrança da situação dolorosa pode trazer de volta todas as emoções — ainda que não estejamos plenamente conscientes dessa conexão naquele momento. Como Amy, podemos explodir de raiva, de medo ou manifestar outras emoções que experimentamos em situações dolorosas.

Assim, o que fazer quando alguém a quem amamos ainda se ressente de questões emocionais do passado? Talvez a primeira providência seja lembrar-se da dor pela qual a pessoa passou. Isso nos ajuda a não levar a ira ou as palavras duras para o lado pessoal. Em outro momento, quando as emoções estiverem mais brandas, podemos perguntar de maneira não ameaçadora: "Você sente como se estivesse na mesma situação de antes? O que posso fazer em relação a isso?".

Quando amamos verdadeiramente, olhamos para a fonte da dor. Embora não aceitemos o abuso, o amor olha além do passado doloroso da pessoa a quem amamos, na direção de um futuro cheio de esperança.

Entrando no mundo de Molly

Elsi Dodge

— Muito bem! — eu disse às minhas bandeirantes em nosso primeiro encontro.

— Agora, levantem a mão direita e juntem estes dois dedos, assim. A outra mão, Denise. Não, dois dedos, por favor, Molly. Molly?

Molly ficava simplesmente me olhando através de seus óculos de lentes grossas. Seus olhos eram ligeiramente estrábicos.

— Molly, dois dedos, assim. Olhe, você pode usar o polegar para cobrir os outros...

— Não! Não encoste em mim!

Puxei minha mão para trás, espantada. A mão de Molly estava fechada como se estivesse preparada para dar um soco.

"Tudo certo", pensei, "vamos deixar isso para lá."

— Muito bem, meninas! Agora vamos fazer o juramento das bandeirantes juntas.

Tornei-me bandeirante quando estava na segunda série. Minha mãe, que também fora bandeirante, era nossa líder. Eu e ela participamos do bandeirantismo até a época em que entrei na faculdade e, mesmo depois disso, ela manteve nosso grupo de bandeirantes por muitos anos. O bandeirantismo estava definitivamente no meu sangue.

Liderei um grupo de bandeirantes entre sete e nove anos de idade quando estava na faculdade e decidi que essa era a faixa etária certa para mim. Pequenos rostos sorridentes debaixo de bonés marrons (daí serem chamadas de *brownies*), olhos ansiosos voltados para mim em busca de orientação... o que mais uma mulher poderia querer?

Assim, quando me mudei para o Colorado e vi-me sozinha, deprimida demais para permanecer num emprego, carente de distração e de algo para fazer, montei um grupo de *brownies*.

Certo dia, algumas semanas depois, estávamos sentadas num círculo, cortando papéis para fazer uma colagem. Não havia nada particularmente atraente em relação à sala de reuniões azulejada do estacionamento de *trailers* onde nos encontrávamos, mas aqueles dezenove rostinhos concentrados em seu trabalho eram uma visão adorável.

— Esta é uma boa ilustração para "Seja bom com os animais", senhorita Dodge?

— É muito boa, Stephanie!

— Nesta aqui, as pessoas estão se abraçando. Será que ela pode ir para "Seja amigo de todos"? — perguntou Karen.

De repente, Molly se levantou, correu para o lado oposto de onde se encontrava e tentou esfaquear Karen. Felizmente, estávamos usando tesouras plásticas sem ponta.

— Molly! — disse eu, depois de resgatar Karen, acalmar o resto da turma e levar Molly para um canto a fim de conversarmos. — O que foi isso?

Molly olhou para mim, sem que seus olhos negros se focassem em algum ponto. Seu boné estava cercado de tufos de cabelo desiguais, espetados em diferentes direções. Parecia que seu cabelo tinha sido cortado por ela mesma com uma tesoura cega, o que, descobri mais tarde, não havia acontecido. Mas ela estava com tanto medo de ser ferida, tão certa de que a cabeleireira planejava matá-la, que sua mãe só conseguia cortar seu cabelo em movimento: aparava um pouco desse lado, esperava que ela se acalmasse, caminhava um pouco e cortava do outro lado.

— Preciso descontar nela! — Molly me disse. — Eu precisava fazê-la parar!

— Mas, doçura, o que Karen lhe fez? Ela só estava sentada ali, do outro lado da sala!

— Ela estava pensando mentiras sobre mim!

Coloquei um braço ao redor de seus ombros.

— Molly, ela não estava pensando mentiras sobre você. Não sabemos o que as pessoas estão pensando.

— Eu escutei! Ela estava pensando mentiras! E eu precisava fazê-la parar! Eu *precisava*!

Em casa, naquela noite, tentei analisar a situação. Molly era uma das três meninas do grupo que eram portadoras de uma deficiência no desenvolvimento. Mas a situação parecia extrapolar esse seu problema de compreensão, e eu não tinha certeza de que queria envolver-me naquilo. Afinal de contas, eu procurava meninas responsáveis a quem pudesse gentilmente guiar em direção a uma vida adulta responsável. Molly, por outro lado, era simplesmente *estranha*.

— Você poderia falar-me um pouco sobre Molly? — perguntei. Em busca de respostas, visitei a classe de alunos com necessidades especiais e conversei com sua professora.

— Ela é louca! — respondeu a sra. Blixen. — Não consigo ensinar nada a ela!

Apresentei-me como voluntária para aquela classe, aprendi muito sobre déficits no desenvolvimento e descobri ainda mais quanto aquela menina era diferente, até mesmo de seus colegas de classe com problemas.

Certo dia, estávamos trabalhando com letras. A cada dia aprendíamos uma letra nova, recortávamos figuras de coisas que começavam com aquela letra e as colávamos nos livros. A sra.

Blixen tinha diversos catálogos de produtos de lojas para que as crianças pudessem recortar sempre que necessário.

Começamos com a letra A — abacaxi, arara e anjos de cartões de Natal.

— Aranhas! Pisem nas aranhas! — Molly gritou enquanto corria pela sala e pisava em insetos invisíveis.

Então, fomos para a letra B — bicicleta, boneca, bananas dos anúncios de supermercados.

— Não! Não! Muito alto! Barulho muito alto quando o balão estoura!

E Molly se escondeu debaixo da mesa da professora, cobriu os ouvidos com as mãos, reclamando e totalmente alheia ao fato de que o único balão nas redondezas era aquele impresso no papel.

— Esta é a história de uma pequena galinha vermelha — leu a sra. Blixen na hora de contar histórias, certa tarde.

Cuidadosamente, com os olhos fitos na professora, Molly começou a arrastar sua cadeira para a frente, centímetro a centímetro. Conforme se aproximava, começou a balançar os pés. A cada movimento, seu pé se aproximava mais da sra. Blixen.

Por sua expressão e seus movimentos, estava claro que ela planejava chutar sua professora quando chegasse perto o suficiente.

Antes disso, porém, Molly pulou de repente e começou a gritar.

— Pare! Pare com isso! Não me chute!

Estaria ela imaginando a cena em sua cabeça — Molly arrasta a cadeira, chuta a perna da professora, a professora se irrita e chuta de volta, Molly protesta? Eu não sabia.

Eu tinha um diploma de educação elementar, mas ninguém me havia apresentado uma criança como Molly. Não via muito propósito em tentar ensinar-lhe; já tínhamos problemas suficientes tentando controlá-la. Mas por alguma razão não conseguia afastar-me daquele pequeno espírito perturbado. Ela não era esperta e certamente não era atraente, mas por alguma razão havia aberto caminho para chegar ao meu coração.

Quando comecei a trabalhar com Molly, crianças portadoras de deficiência estavam em sua própria classe especial, cuidadosamente rotuladas de acordo com sua deficiência. Uma criança com mais de uma deficiência geralmente não tinha lugar, uma vez que não se "encaixava" em nenhuma classe.

Os modos de Molly eram perturbadores para a classe de crianças com problemas de desenvolvimento, e sua deficiência era pequena demais para a classe de crianças portadoras de deficiência mental. Se ela não pudesse ser colocada em nenhuma classe, seria indicada para instrução domiciliar. Isso exigiria que a prefeitura contratasse uma professora para lhe dar aulas particulares algumas horas por dia.

Alguém da Secretaria de Educação me contratou para ser sua professora domiciliar e colocou ambas na classe de crianças portadoras de deficiência mental. Contanto que eu trabalhasse o baixo nível acadêmico de Molly, a professora daquela classe estava disposta a lidar com seu comportamento.

Na classe de Molly, descobri que eu tinha talento para lidar com crianças portadoras de deficiência. Percebi que tinha compaixão por elas e discernimento para lidar com os processos de pensamento diferenciado de meus alunos.

Molly, por exemplo, não conseguia aprender a somar. Contudo, por mais estranho que possa parecer, ela conseguia subtrair.

— Se você tiver duas maçãs e alguém lhe der outra, com quantas maçãs você fica?

— Sei lá! Não gosto mesmo de maçãs, e daí? — disse Molly dando uma risadinha e começando a sair da carteira.

— Espere um pouco, Molly. Se você tem três livros e perde um, com quantos livros fica?

— Dois! Você é muito má por tirar o livro de mim! Quero o livro de volta!

Finalmente descobrimos que havia forte relação com a perda de coisas, com coisas que lhe eram tiradas, mas Molly não conseguia acreditar que alguém pudesse dar-lhe algo mais.

Apesar do efeito devastador de um divórcio em minha autoestima já abalada, consegui matricular-me num curso de pós-graduação para lecionar a pessoas com dificuldades de aprendizagem. Eu não estava fazendo o que era necessário por minha Molly. Queria aprender mais. Conforme estudava, tentava encontrar uma correlação entre tudo o que aprendia e aquela pequena menina especial.

— Se você fosse à padaria comprar pão para sua mãe e perdesse o dinheiro, o que faria?

Isso é parte de um teste de bom senso e julgamento. Molly não conseguiu resolvê-lo, embora aparentemente tivesse entendido a questão principal.

Ela pulou, levantou o punho e gritou para uma avaliadora surpresa:

— Não roube meu dinheiro!

Com o diploma do mestrado em mãos, fui contratada para lecionar para crianças com distúrbios emocionais e comportamentais numa escola da região. Não pude ensinar Molly por vários anos, mas não conseguia virar-lhe as costas. Mantive contato com ela e com seus pais, acompanhando sua entrada e saída de classes especiais, programas residenciais e hospitais de saúde mental.

Faz mais de três décadas que ensino crianças com necessidades especiais. Presenciei alguns sucessos notáveis, segundo a avaliação do mundo, como o caso de uma menina com problemas de desenvolvimento que conseguiu usar a linguagem de sinais como ponte para a leitura.

Também tive meus fracassos, é claro, como o rapaz que atualmente cumpre prisão perpétua por assassinato. Espero que ele lembre, nas horas escuras da noite, que lá na quarta e quinta séries a sra. Dodge o amava.

Amo essas crianças, todas elas — brilhantes ou confusas, malvadas ou doces, manipuladoras ou condescendentes, agradecidas ou rebeldes, casadas e com família ou fichadas na polícia por crimes sexuais. São minhas e fazem parte do meu coração para sempre. Farei tudo o que puder para ajudá-las.

Molly morreu de insuficiência cardíaca congestiva aos 22 anos. Sua mãe ligou para mim depois do funeral, chorando.

— Não entendo sequer a razão de Deus tê-la deixado nascer! — disse ela. — Molly jamais foi realmente feliz. Ela não era boa para ninguém e nada era bom para ela. Sua vida foi inútil e miserável! Como Deus permitiu que ela vivesse assim por todos esses anos?

— Não tenho o propósito de falar por Deus — ofereci-me. — Mas uma coisa sei. Por causa de Molly, concluí meu mestrado em educação especial. Ajudei muitas crianças com o passar dos anos. Eu não teria trabalhado com nenhuma dessas crianças se não tivesse conhecido Molly. Assim, no que se refere a mim, ela tem o crédito relativo a cada criança que consegui ajudar.

Não sei se isso fez ou não alguma diferença para a mãe de Molly. Contudo, mudou minha perspectiva. Percebi que Molly me ajudou imensamente. Por causa dela, descobri um talento para trabalhar com alunos especiais, obtive um diploma de mestrado e encontrei a carreira da minha vida. Meu amor por Molly e seu envolvimento em minha vida por mais de uma década exerceram um poder transformador. E a vida transformada pelo amor foi a minha.

Quando Elsi descobriu que Molly era diferente das outras crianças, percebeu que, caso se afastasse, não seria perturbada. Ela provavelmente poderia ter feito exatamente isso — bastava dizer aos pais de Molly que aquela menina não poderia ser uma brownie.

Mas Elsi fez outra escolha. Em vez de se afastar, decidiu aproximar-se ainda mais de Molly. Optou por mostrar afeição a uma menina que provavelmente não recebia muito carinho.

Quanto mais afeto Elsi expressava, mais se importava com Molly e queria fazer o que fosse necessário para ajudá-la. Às vezes o amor é assim... quanto mais se dá, mais se aprende a amar e mais queremos mostrar esse amor.

Esse é o tipo de amor que transforma vidas! Quando damos, nós mesmos recebemos.

Simplesmente me chame de amor

Donna Smith

Minha boca disse: "Aceito". Meu cérebro gritou: "O que você está fazendo aqui?"

Em certo sentido, tudo parecia muito repentino. Não seria eu velha demais para casar? Mas, quando olhei para os olhos de Pete, soube que, sim, era isso o que eu queria — o que eu queria de todo o coração!

O pregador disse: "Eu os declaro...".

Antes que ele terminasse, Pete me agarrou e me deu um beijo de marido recém-casado. Virou-se para seu filho, o padrinho, levantando o punho em sinal de triunfo, e tinha no rosto um sorriso maroto e os olhos azuis dançando em meio a lágrimas.

Segurando minha mão, ele disse:

— Vem cá, amor. Vamos comer nosso bolo e sair daqui.

Amor! Ele me chamou de Amor! Ninguém me havia chamado de amor antes.

Olhei para ele, com a boca cheia de bolo de casamento, tapinhas nas costas, apertar de mãos, olhando para seu relógio, acenando para mim como que dizendo: "Vamos logo com isso... Vamos!"

Mais tarde, no carro, a caminho de nossa noite de núpcias, minha mente divagou para a direção errada. Viúva havia dois anos depois de viver casada por trinta anos com um bom homem, eu estava agora casada com seu melhor amigo. Pete perdera a esposa pouco depois da morte de meu Bill e, ao confortarmos um ao outro, encontramos nosso próprio caminho juntos.

Bill fora um pai perfeito e um bom marido, mas era alcoólico, de modo que tínhamos pouco tempo para o romance. Nosso tempo "extra" era dedicado às atividades das crianças. Em todos aqueles anos, ele sempre me chamou de *mama*.

E por que não? Tive quatro filhos em cinco anos. Depois disso, raramente sobrou algum tempo exclusivo para nós. Ironicamente, de acordo com Pete, seu casamento com Jayne seguiu o mesmo padrão. Assim, ali estávamos nós: uma *mama* de 49 anos e quatro filhos crescidos e um papai de 63 e dois filhos adultos, a caminho de uma noite de loucuras num motel.

Quando chegamos ao motel, Pete abriu a porta, seguiu-me, bateu a porta, trancou-a e jogou as malas no chão. Livrou-se do terno, arrancou a gravata com uma mão enquanto desabotoava a camisa com a outra. Minha mente estava confusa. Eu queria ir para casa e esconder-me no armário. Bill foi o único homem com quem estive, e nossos momentos íntimos foram poucos e raros depois que os filhos nasceram — e sempre debaixo do manto da escuridão.

— Está tudo bem, amor — disse Pete, com olhos faiscando por trás de seus óculos de armação escura.

Rindo como uma adolescente, puxei a blusa de dentro da saia e iniciou-se um casamento mágico de dezessete anos.

Não muito tempo depois, fomos visitar minha irmã e seu marido. Ouvi Pete chamando-a de *amor*. Meu coração apertou.

Mais tarde, no quarto, Pete começou a roncar. Inclinei-me sobre ele.

— Pete — disse eu. Ele continuou a roncar.

Tentei outra vez.

— Rumm... mmm... uuhhnnnn.

— Pete, nunca mais chame ninguém de *amor* — disse. — Esse é o *meu* nome.

O sr. Romântico não respondeu, mas parou de roncar.

Esperei um instante e, então, atirei a cabeça no travesseiro, puxei as cobertas e esperei o sono chegar.

Durante todos esses anos, cada manhã dava boas-vindas a um dia em que os sonhos se tornariam realidade. Descobri que romance não significa ganhar uma dúzia de rosas e jantar à luz de velas num restaurante chique. Romance não precisa ser caro. Romance não é algo que requer um esforço enorme. Exige apenas atenção e um pouco de criatividade — como o dia da esposa.

Meu primeiro dia da esposa aconteceu naquele outono, quando fomos à Feira Estadual de Oklahoma. No caminho, Pete disse:

— Olha, não vamos gastar nada. Vamos apenas olhar.

No final do dia, de volta ao carro e a caminho de casa, Pete jogou um saquinho de tecido vermelho no meu colo. Riu como um palhaço de circo, a ponto de fechar os olhos, com o cabelo branco encaracolado acima das orelhas saindo por baixo de seu boné de *jeans*.

— Acho que você disse que não poderíamos gastar nada.

— *Nós* não podíamos. *Eu* podia. Isso é para o dia da esposa. Abra.

Ele ficou me olhando enquanto tirava uma carteira de couro marrom e vermelha e lia um pequeno cartão branco, cheio de seus garranchos, colado na embalagem: "Te amo, amor".

Antes que eu conseguisse chorar, ele disse:

— Caso você tenha algum dinheiro para gastar, isso servirá para carregá-lo.

Depois disso, celebramos o dia da esposa muitas vezes e de diversas formas: convites especiais para jantar, saída para comprar roupas de que eu não precisava, visita a feiras de artesanato, viagens por vários estados, café da manhã na cama...

Perdi a conta de quantas vezes atendi à campainha para receber uma pessoa da floricultura segurando um vaso de cristal com um botão de rosa vermelho, um cartão branco na mão, segurando-se para não cair na risada.

"É aqui que mora o Amor?", "O Amor está?" ou "A senhora sabe onde posso encontrar o Amor?".

Depois de se aposentar, Pete passava na escola onde eu lecionava e deixava bilhetes no meu carro. Certa vez, um aluno chamado Sean entrou na classe acenando com um pedaço de papel.

— Pessoal! — gritou ele. — Vejam o que encontrei.

Virou-se para mim e disse:

— Sra. Smith, quem é o Amor? Aqui diz: "Encontre-me na Fred's Fish House. Te amo, Amor!".

A classe inteira caiu na gargalhada.

Tentei pegar o bilhete, mas Sean o segurava acima da cabeça.

— Por que, sra. Smith, *a senhora* é o Amor?

Depois disso, ele sempre gritava ao sair da sala de aula ou quando me via no corredor: "Até mais, sra. Amor".

Em outra ocasião, Gary precisava de um lápis emprestado. Disse-lhe para pegar um na gaveta da minha mesa.

Alguns segundos depois, escutei sua risada. Ele segurou o lápis para que todos pudessem ver.

— Sra. Smith? Quem é Docinho?

Arranquei o lápis de sua mãe, com o rosto vermelho. Gary o segurou para que eu não pegasse.

— Pessoal, escutem só o que está escrito no lápis: "Oi, Docinho".

Alguns dias antes, Pete havia passado na escola e ficou esperando na minha sala enquanto eu participava de uma breve reunião dos professores. Enquanto esteve ali, passou o tempo sendo criativo.

Depois desses dois episódios, meus alunos começaram a procurar mensagens deixadas pelo sr. Romântico. Embora eu tentasse encontrá-las primeiro, em muitas ocasiões eles se saíram melhor.

Encontramos bilhetes enfiados no meio de minha pasta de planejamento de aulas: "Te amo, amor"; rabiscos em letras pequenas no quadro, logo abaixo das tarefas diárias: "Oi, docinho"; anotações nas páginas de minha agenda: "Pete ama Donna".

Essas buscas em conjunto criaram uma camaradagem entre mim e meus alunos. Ainda hoje, quando encontro algum aluno num lugar público, recebo um aceno e ouço a frase "Olá, sra. Docinho!".

Mesmo depois de tudo o que eles descobriram, não lhes contei sobre a maneira de o sr. Romântico expressar amor em público, que era nosso aperto de mão secreto: três apertos para dizer "Amo você" e quatro para "Também amo você".

Também não lhes contei que ele colocava gasolina em meu carro de modo que eu não precisasse sair no calor ou no frio. Ou que me enviava cartões românticos para todas as ocasiões, mesmo aquelas inventadas por ele: dia da esposa, dia da amante, dia da melhor companheira...

Pete passou o último ano de sua vida lutando contra um câncer de pulmão e insuficiência cardíaca congestiva. Uma vez que ele queria estar onde pudesse ver-me a qualquer momento, colocamos uma cama hospitalar na área social de nossa casa. Independentemente do que eu precisasse fazer ou do que ele queria que eu fizesse, sua resposta era "Sente-se ao computador, amor. Escreva uma história para que eu possa orgulhar-me de ter casado com uma escritora".

Certo dia, enquanto eu beliscava alguma coisa, pensando que ele estava dormindo, Pete disse de repente: "Ei, amor, sabe de uma coisa? Tenho uma foto sua no meu coração".

Meu coração se apoderou de todo o meu corpo e minha garganta apertou. Fui até sua cama e o abracei. Disse-lhe que o amava mais que a qualquer coisa no mundo. Beijei-o e disse-lhe que ele era minha vida.

"Te amo, amor." Ele deu um tapinha na minha bochecha, passou o dedo sobre meus lábios e disse: "Agora volte para aquele computador".

Sorri, voltei, sentei-me e, assim que pus um petisco na boca, ouvi um som horrível. O corpo de Pete estava totalmente torcido, sua cabeça se movia numa convulsão.

Nas quatro semanas seguintes, fiquei sentada ao seu lado dia e noite numa clínica, enquanto ele permanecia sob cuidados médicos. Embora Pete nunca tenha voltado a falar, assim que eu segurava sua mão, seus dedos me apertavam três vezes.

Dois anos depois de sua morte, finalmente tive coragem de abrir o álbum de fotos de nosso casamento. Encontrei um bilhete colado na capa pelo lado de dentro: "Te amo, amor".

Ao pressionar aquele bilhete contra meus lábios, soube imediatamente que os dezessete anos mágicos de amor perfeito permaneceriam dentro de mim para sempre.

Hoje, oito anos depois, o sr. Romântico continua a sussurrar em meu ouvido: "Oi, docinho" e "Te amo, amor". Sim, sempre serei o *amor* do meu amor.

"Como te amo? Deixe-me contar as maneiras...," Elizabeth Barrett Browning escreveu... e Pete Smith viveu! O amor bondoso e firme é uma bênção, um núcleo sólido em nossa vida. Mas quando você cobre esse núcleo sólido com romance, bem, é como colocar a cereja em cima do bolo. O bolo pode ser muito seco e bastante básico. Mas um pouco de cobertura faz que ele passe de bom para ótimo, além de incrementar a experiência toda.

Adicionar romance ao núcleo sólido de seu amor é algo que leva tempo. Também exige criatividade — ou uma bela pesquisa no Google —, de modo que nenhum de nós tem realmente desculpa para não ser criativo.

Quer melhorar seu relacionamento e adoçar sua experiência conjugal? Adicione uma cobertura ao bolo. Encontre maneiras simples e alegres de dizer "Eu te amo, e também gosto de você!".

Quando Sara me ensinou o que é liberdade

NANCY PAGE SHEEK

EMBORA EU TENHA SIDO FELIZ NA INFÂNCIA por ter recebido amor de muitas pessoas, minha avó Sara me amava de um modo diferente. A maioria dos relacionamentos da minha vida se encaixava perfeitamente num conjunto de leis que eu havia criado ou aceitado — sem questionamentos. Era fácil seguir as regras, que faziam total sentido: se as pessoas me amavam, eu era amável. Se eu agradasse as pessoas, era feliz. Se as desagradasse, então elas tinham razão para ficar desapontadas.

Mas o amor de Sara não era assim. Eu sabia que Sara me amava porque ela me dizia isso constantemente, porque demonstrava seu amor todas as vezes que nos divertíamos juntas e porque ela ainda me adorava mesmo quando eu fazia alguma coisa errada. Junto a Sara, eu era aceita sem expectativas ou exceções, portanto não havia necessidade de agradar ou apresentar desempenho satisfatório. Eu era simplesmente um deleite para ela, e isso tinha cheiro de liberdade. Era fácil retribuir o amor de Sara.

Porém, à medida que fui ficando mais velha, passei a ter dificuldades para aceitar todas as coisas maravilhosas que Sara dizia sobre mim. Talvez eu estivesse ocupada demais para passar tempo suficiente com Sara, e sua voz tivesse diminuído em comparação com o que outras vozes me diziam. Talvez eu de fato me sentisse mais confortável no mundo lá fora porque meu modo de vida estava funcionando bem. Eu me esforçava, e as pessoas reparavam em mim. Talvez eu tivesse vergonha de alguns de meus erros. Seja qual for a razão, quando Sara falava de maneira amorosa, eu rebatia suas bênçãos e resistia a seus elogios porque eles não me pareciam verdadeiros.

Felizmente, seu amor mostrou-se mais poderoso que qualquer habilidade minha de resistência. Mesmo quando sua mente foi devastada pelo mal de Alzheimer, a afeição de Sara nunca acabou, o que foi muito bom, porque precisei dela mais do que nunca quando minha filha nasceu.

Dei a nossa primeira filha o nome Sara, em homenagem a sua bisavó. Eu tinha visões nas quais ela brincava usando vestidos bordados com seu nome e usava laços nos cabelos. Naturalmente ela seria a primeira a falar e andar e agradaria a professora da pré-escola por ser muito querida e precoce. Minha filha Sara teria modos, gestos e guarda-roupa impecáveis. Seria doce com crianças menores, mas ainda assim capaz de conversar com qualquer adulto em qualquer situação. Sem dúvida seria uma aluna com nota dez em todas as disciplinas, representante da classe, vencedora do *show* de talentos e grande atleta, com excelente físico. E, é claro, eu amaria cada minuto de tudo isso.

Quando minha filha Sara se mostrou uma criança que não se importava com o que as pessoas pensavam dela, com sua aparência ou roupas, fiquei perplexa. Para uma pessoa que tanto se parecia fisicamente comigo, ela não poderia ser mais diferente em temperamento. De fato, quando eu não estava exasperada com ela, secretamente a invejava. Eu não experimentava a liberdade que ela transmitia desde que eu era criança e convivia com minha avó, mas ainda assim eu combatia sua liberdade com uma dose de vingança. Debaixo do disfarce de ajudar Sara a angariar mais aceitação e apreciação dos outros, forcei-a a atender a minhas expectativas. Na realidade, eu estava tentando fazer que ela fosse mais aceitável e apreciada *por mim*.

Sempre que tentava fazer que ela se parecesse com a filha perfeita — como convencê-la a usar lindos vestidos e laços —, ela se recusava, e eu gritava com ela e a envergonhava. Definitivamente não era a vida de mãe que eu esperava, e isso me fez sentir fracassada como mãe. O que na verdade eu deixara de fazer foi amar Sara como a pessoa que Deus havia criado, e não como a pessoa que eu achava que ela deveria ser.

"Por que você simplesmente não me deixa ser quem eu sou?", Sara implorava em desesperada frustração.

Às vezes eu achava que não gostava dela, e isso me assustava. Em algum lugar do caminho, perdi de vista o fato de que os mais profundos desejos que eu tinha por minha filha se haviam concretizado: ela era saudável e tinha o espírito doce que sempre desejei mais que qualquer coisa durante sua infância. Mas, conforme Sara foi ficando mais velha, eu esperava mais de minha filha. Agora, estávamos ambas presas a minhas enormes expectativas, e elas a estavam sufocando também. Como sua mãe, eu precisava cortar as amarras para libertar ambas.

Durante aqueles anos, a mente de minha avó deteriorou-se rapidamente. Eu realmente pensava que minha oração era de amor quando pedia que ela morresse. Afinal de contas, ela viveu uma vida plena, sem arrependimentos, e sabíamos que iria para o céu. Certamente não havia mais nenhum propósito a ser cumprido por ela aqui na terra, presa na ala de portadores de Alzheimer da clínica onde estava internada.

Quando eu visitava Sara, nós duas ficávamos em silêncio por uma eternidade, mas então ela começava a falar. Como acontece nas conversas com pessoas que sofrem de demência, eu e Sara conversávamos sobre as mesmas coisas repetidas vezes. Sara parecia não se lembrar mais de quem eu era ou de qualquer coisa sobre mim, de modo que fiquei pensando se Deus estava realmente falando comigo por meio das palavras familiares que ela me dizia: "Amo você. Tenho orgulho de você", ela repetia. "Você é tão bonita." "Você está fazendo um excelente trabalho." "O Senhor a vê e sabe que você é uma boa mãe."

Então aconteceu o maior milagre de todos: realmente voltei a acreditar naquelas coisas sobre mim. E foi então que comecei a acreditar naquelas coisas em relação a minha filha também.

A maior ironia era que eu não dava amor a minha filha porque ela não se parecia mais comigo, ao mesmo tempo que eu nem mesmo gostava de mim, especialmente no papel de mãe. Durante toda a minha vida, amei as pessoas *se* elas se mostrassem dignas de ser amadas. Mas Sara vivia sem dar importância às expectativas. De fato, as duas Saras não davam importância a isso, e não pude mais resistir a nenhuma delas.

Talvez pela primeira vez na minha vida, eu amaria primeiro e amaria com intensidade, tal qual minha avó. Persuadir minha filha a agir de determinado modo para que eu pudesse retribuir seu amor não era amor, de forma alguma: era controle, e eu não queria mais aquilo.

Numa manhã de outubro, quando Sara estava na primeira série, resolvi libertá-la das correntes de expectativas que havia colocado ao seu redor. Eu queria conscientemente libertá-la para que se tornasse a pessoa que Deus desejava que ela fosse. Não importava o que fosse necessário, a aparência que aquilo teria, a aparência que ela teria, eu não lutaria mais.

Meu histórico desde aquela remota manhã de outono não tem sido perfeito, mas posso dizer que, desde então, tenho verdadeiramente amado minha filha. E gosto dela. É fácil amá-la e gostar dela não porque eu a tenha educado daquela maneira, mas porque ela nasceu assim.

Finalmente entendi que as palavras familiares de minha avó também se aplicam a minha filha: "Amo você". "Tenho orgulho de você." "Você é tão bonita." "Você está fazendo um excelente trabalho." "Você será uma ótima mãe algum dia."

Quando comecei a dizer essas palavras seriamente a minha filha, elas foram como um bote salva-vidas para nós. Sou eternamente devedora a minha avó por me amar tão fiel e livremente durante toda a minha vida, apesar de mim mesma, até que eu passasse a acreditar nisso. Sou agradecida a minha filha por me ter libertado da lei superficial da reciprocidade que tentei fazer passar por amor. Mas, de acordo com o amor que ambas me ensinaram, não lhes devo coisa alguma.

O amor é mais puro quando está livre das correntes das expectativas. Jesus, o homem mais sábio que já viveu, disse aos seus seguidores: "Vocês receberam de graça; deem também de graça" (Mt 10:8).

Isso também se aplica aos relacionamentos que temos com outras pessoas. Cada um de nós foi criado de maneira individual e singular. Todos nós temos um propósito no esquema geral da vida e da eternidade. Nossa personalidade — a maneira como fomos criados — desempenha um papel fundamental na realização desses papéis. Aqueles que nos amam, esses nos aceitam e gostam de nós — a despeito de todas as nossas idiossincrasias.

Quando observamos outras pessoas, somos lembrados de que elas foram criadas com um propósito. Elas são singulares. Não foram criadas para ser gêmeas de nossa personalidade, nosso alter ego ou outra versão de nós mesmos. Em vez disso, a forma como elas são tem uma função. Amar os outros significa libertá-los de nossas expectativas irracionais de que elas deveriam ser ou pensar de determinada maneira.

Assim como experimentamos a afeição livremente concedida por outros, podemos libertar outros com nosso amor desembaraçado de correntes.

O bom e o ruim

Sheila Farmer

— Diga-me alguma coisa nele de que você gosta.
— Gosto do modo como ele me faz rir, como ele é bom com as crianças, como é amigável, generoso...
— Cite alguma coisa nela de que você gosta.
— Gosto do fato de ela ser fiel...

Foi assim que começou nossa sessão de aconselhamento conjugal: citei uma centena de coisas boas sobre meu marido, e ele citou apenas uma ou duas coisas sobre mim. Nosso pastor fazia uma pergunta a um e repetia a pergunta ao outro.

Tal como acontece a muitos casais hoje em dia, nosso relacionamento não foi tradicional: encontrar, sair, apaixonar-se, casar, ter filhos. Engravidei pouco depois de começarmos a namorar. Com a comunicação interrompida, rompemos o relacionamento ainda no início da gravidez.

Solteira, sozinha e com um filho, minha mente voltou-se para a pequena vida que agora era responsabilidade minha. Eu queria que meu filho fosse batizado — não porque eu entendesse o significado do ato, mas porque os membros da família insistiam, dizendo que aquela era a coisa certa a fazer. Eu não frequentava nenhuma igreja porque nunca me senti confortável e a pregação me era muito distante da minha realidade. Mas então encontrei uma igreja na qual me senti muito à vontade e um pastor que pregava numa linguagem que eu conseguia entender.

Depois de alguns meses, o pai de meu filho voltou a fazer contato comigo e nos acertamos.

Não demorou muito e o bebê número dois estava a caminho. Quando nossa filha tinha um ano, já havíamos firmado nosso relacionamento, passamos a frequentar juntos a igreja e estabelecemos um relacionamento pessoal com o Senhor Jesus. Tudo estava indo muito bem. Tínhamos dois filhos, um relacionamento com Deus, vários amigos na igreja e um pastor com quem mantínhamos um relacionamento próximo. Foi quando Marvin me pediu em casamento.

Eu era como um cachorro abanando a cauda quando vê seu dono. Meus olhos não viam nada além de luz. O céu desceu à terra e colocou um homem alto e lindo na minha vida, e ele estava prestes a se tornar meu marido. Se o amor cega uma pessoa, ficar noiva me deixou cega, surda e, sim, muda. Não porque eu estava prestes a me casar ou por causa da pessoa com quem me casaria, mas porque enxergava apenas aquilo que queria ver: um perfeito mundo de amor!

Apesar dos problemas anteriores que haviam acarretado nosso afastamento, naquele momento a única coisa que eu sabia era que estávamos perfeitamente apaixonados, sem problemas ou deficiências.

Assim sendo, você pode imaginar como fiquei surpresa com a ideia de frequentar uma classe de aconselhamento. Afinal de contas, tínhamos dois filhos juntos e estávamos apaixonados. Achava que bastava marcar a data, e todo o resto seria um verdadeiro "felizes para sempre".

Quando meu pastor mencionou o aconselhamento conjugal, pensei: "Tudo bem, o pastor vai simplesmente nos aconselhar — espere um pouco, não precisamos de aconselhamento. Vamos casar".

Então, decidi: "Sem problemas: livre-se do aconselhamento e siga direto para o casamento".

Meu pastor é um homem muito esperto. Acho que ele queria ver se nosso relacionamento era verdadeiro. Ninguém acreditaria que era verdadeiro vendo a maneira como entrei no gabinete do pastor.

— Cite alguma coisa de que você não gosta nele.

— Bom, deixe-me ver, eu, ah, hum... bem, posso dizer honestamente que o número de coisas das quais gosto nele é muito maior do que as coisas das quais não gosto.

— Tudo bem, então cite alguma coisa da qual você não gosta.
— Meu pastor não me deixaria escapar facilmente.

Vasculhei meu cérebro em busca de algo de que eu não gostava em meu futuro marido. Pensei em inventar alguma coisa apenas para escapar do interrogatório. Mas não apareceu nada.

— Honestamente não consigo pensar em nada de que eu não goste nele — respondi com um sorriso de orelha a orelha, com todos os dentes brilhando.

Quando o pastor fez a mesma pergunta a Marvin, não passou nem um segundo até que ele começasse a citar coisas.

— Não gosto do jeito como ela _____, da forma como ela _____ e da maneira que ela _____ ou de sua _____.

Não acreditei que ele disse aquelas coisas ao nosso pastor. Defendi-me de todas as coisas que ele citou. Cada vez que eu falava, minha voz ganhava mais profundidade e o canto de minha boca se afastava das orelhas, aproximando-se cada vez mais do queixo. Por fim, fumegando, de braços cruzados, franzi as sobrancelhas e retomei minha capacidade de enxergar a realidade. Ele não tinha asas; ele não era perfeito.

— E o que dizer de sua _____, de seu _____ e _____? — contra-ataquei.

Entrei naquela sessão de aconselhamento como uma mulher que estava prestes a casar, com a alegria de um cão abanando a cauda, mas me transformei num cachorro que rosnava, rangia os dentes e babava.

Então meu pastor fez a coisa mais improvável. Fechou seu livro e disse: "Tudo bem, vocês têm a minha bênção para casar".

"O quê?", pensei.

Eu estava irada com todos os homens do mundo. Como poderíamos ter a bênção do pastor no momento em que estávamos prestes a atingir a força de um furacão capaz de destruir seu gabinete? E como o amor da minha vida pôde encontrar tantas coisas erradas em mim quando eu não havia mencionado nem uma sequer em relação a ele? E, pior ainda, como ele foi capaz de citá-las na frente do pastor?

Eu gostaria de poder me lembrar do dia em que percebi ser a única pessoa naquela sala que tinha vendas nos olhos. Eu estava cega, surda e muda diante de tudo porque estava apaixonada demais pela ideia de casar com o homem dos meus sonhos. Mas as outras duas pessoas presentes naquela sessão de aconselhamento perceberam que relacionamentos reais têm seus altos e baixos. Minha avó dizia: "Você precisa aceitar o bom e o ruim".

Acho que meu pastor queria garantir que não nos sentíamos obrigados a casar simplesmente porque tínhamos filhos. Penso que Marvin, outro homem esperto, entendeu o que o pastor estava fazendo e começou a responder honestamente. Foi uma chacoalhação para levar as núpcias de sonho a uma perspectiva real e pessoal.

Os relacionamentos não são a imagem perfeita que eu estava pintando para mim mesma. Casamento não significa encontrar a pessoa dos seus sonhos, comprar uma casa, ter filhos que se destacam nos aspectos social, físico, intelectual e, por fim, são coroados com estabilidade financeira e felicidade eterna.

Nos últimos dezessete anos que tenho vivido com meu marido, descobri que os relacionamentos reais e genuínos são bem-sucedidos quando duas pessoas lutam para superar suas diferenças visando o bem um do outro.

Minha avó costumava dizer: "Tão certo como você vive, enfrentará problemas em algumas ocasiões". Se um relacionamento é construído sobre falsas aspirações ou expectativas exageradas, quando surgem os problemas o relacionamento não tem bases sobre as quais se sustentar. Nessa situação, o relacionamento problemático se assemelha a uma casa construída sobre a areia e, quando chegam as tempestades, a casa desaba.

Os relacionamentos que sobrevivem são a soma de amor, confiança, valores, fidelidade e compromisso, e a capacidade de rapidamente perdoar um ao outro é o que faz que todas essas coisas se mantenham unidas. Para perdoar, cada um deve ser capaz de admitir e aceitar o erro. O relacionamento florescerá quando as duas partes puderem reconhecer que enfrentarão colinas e vales antes de chegarem ao topo da montanha.

Como minha avó dizia, "Na vida, você terá alguns dias bons e outros ruins; portanto, você precisa aceitar o bom e o ruim".

Enquanto vivermos aqui na terra, nenhum ser humano será perfeito. E não demora muito tempo para que essa realidade se torne evidente nos relacionamentos.

Às vezes gostamos tanto de nossa ligação com outra pessoa que vemos apenas quão boa é aquela pessoa e nos concentramos em quanto gostamos daquela ligação. Há ocasiões em que é fácil esquecer que a outra pessoa é um ser humano. Desse modo, quando a humanidade repentinamente levanta sua cabeça, podemos surpreender-nos e ficar desiludidos e desapontados.

É nesses momentos que precisamos lembrar-nos do sábio conceito que Sheila aprendeu: nos relacionamentos, assim como na vida em geral, enfrentaremos momentos bons e ruins. Toda pessoa tem traços positivos e negativos, não importa quão raramente vejamos os negativos. Amar não significa usar vendas — significa aceitar honestamente o bom e o ruim.

Aventuras diárias com mamãe

Faith Waters

"Pastora Waters, a senhora precisa vir à igreja buscar sua mãe!"
Ouvi chocada enquanto a mulher na linha relatava que minha mãe havia ido à frente da igreja, pegado o microfone e começado a xingar todo mundo.
Minha mãe? De jeito nenhum! Ela não é assim!
Quando cheguei à igreja, minha mãe estava sentada na sala do coral como se nada tivesse acontecido.
"Por que você está aqui?", ela me perguntou. Não se lembrava de nada que tinha feito.
Enquanto levava mamãe embora, fiquei muito preocupada.
Sendo a mais nova de três filhas, sempre tive uma ligação especial com minha mãe. Fui mimada por ela porque era seu "bebê". Ela me amou de maneira incondicional.
Quando criança e adolescente, eu dependia de minha mãe para tudo. Mas, após a morte de meu pai, trinta anos atrás, ela começou a ficar cada vez mais dependente de mim. Minhas outras duas irmãs casaram e foram morar em outros estados, mas eu estudei numa faculdade local; não queria deixar minha mãe sozinha.
Eu gostava muito de conversar com minha mãe sobre muitas coisas, como meu mais recente interesse romântico. Ela frequentemente me dava dicas que só poderiam vir de uma mãe sábia.

Fazíamos compras juntas e passávamos horas rindo enquanto provávamos chapéus horrorosos e vestidos maravilhosos por pura diversão. Costumávamos ir ao cinema e chorar de rir. Era normal que nossas saídas acabassem numa loja de doces, onde comprávamos sorvete de baunilha para comer após o jantar.

Cerca de quinze anos após a morte de meu pai, decidi frequentar o seminário em outro estado. Mamãe tomou um avião para ir a minha formatura, embora tivesse acabado de passar por uma cirurgia de reconstrução do joelho e, por recomendação médica, devesse ficar em casa. Seu amor por mim era superior às ordens médicas.

Depois da formatura, voltei para casa, cuidando de mamãe enquanto ela se recuperava da cirurgia. Quando mamãe voltou a andar, assumi um ministério de tempo integral numa cidade não muito longe de onde ela morava e mudei para minha própria casa.

Com o passar do tempo, mamãe começou a ter problemas físicos. Costumava perder o equilíbrio e cair. Os médicos lhe receitaram remédios e pediram que ela usasse bengala. Ela não gostava de ser vista usando bengala.

"Não sou aleijada. Estou bem", ela anunciava, ao mesmo tempo que pegava meu braço para ter apoio.

Então, mamãe começou a esquecer das coisas. Eu lhe perguntava sobre as consultas médicas, e ela dizia: "Oh, esqueci completamente disso".

Essa última experiência foi apenas mais uma indicação de que algo estava errado. Eu e minhas irmãs decidimos marcar uma consulta para mamãe com o neurologista o mais rápido possível, o que só poderia ser feito dois meses à frente.

Certa manhã, minha irmã mais velha me telefonou em pânico. Por volta da meia-noite do dia anterior, um amigo dela estava passando pela avenida principal do bairro onde mamãe mora. Ele viu minha mãe descendo a rua de pijama e chinelos. Teve medo de tocar a buzina porque não queria assustá-la. Minha irmã não sabia o que fazer.

Fui até a casa de minha mãe e conversei com ela. Perguntei calmamente sobre sua saída na noite anterior. Ela negou. Contudo, admitiu ver-se na varanda da frente da casa de pijama e de não se lembrar de como havia chegado ali.

Percebi que os problemas médicos de minha mãe eram mais sérios do que eu imaginara. Comecei a passar as noites com ela para sua segurança. Depois de muitos exames, os médicos concluíram que mamãe tivera um derrame silencioso, o que a fazia ter uma espécie de surto. Durante esses períodos, mamãe perdia toda a inibição e o contato com a realidade.

O médico receitou um remédio para controlar os surtos. Mamãe passava bem quando tomava a medicação. Contudo, ela costumava dizer: "Não preciso dessa coisa. Sinto-me muito bem".

Então, tinha um surto e ia parar no pronto-socorro.

Precisei aprender a ter muita paciência e amor por ela. Ligava todas as noites antes de ir para a cama para lembrá-la de tomar seu remédio. Passei a visitá-la de vez em quando para verificar a caixa do remédio, além de levá-la às consultas médicas.

Era como se eu estivesse tornando-me a mãe. Estava exaurida física e mentalmente. Finalmente, mamãe se cansou de ir para o pronto-socorro e começou a tomar seu remédio regularmente.

Quando achei que a vida estava voltando ao normal, mamãe começou a reclamar de fortes dores nas costas. Os médicos não conseguiam diagnosticar seu estado. Sua condição variava de um dia para o outro. Certa noite ela me ligou reclamando de que não conseguia sair do sofá. Disse-lhe para chamar o serviço de emergência, mas ela se recusou. Então, liguei para uma vizinha e pedi-lhe que desse uma olhada. A vizinha chamou a ambulância.

Minha mãe ficou na unidade de tratamento intensivo por uma semana. Recebeu morfina para suportar a dor. Eu e minhas irmãs nos revezávamos para ficar ao lado de sua cama, garantindo que tudo estivesse bem. Era comum eu me virar para a parede e chorar. Nunca vira minha mãe numa condição tão ruim, e ter de alimentá-la com uma colher partiu meu coração. Naturalmente, ela me dava comida com colher quando eu era criança, mas nunca imaginei que precisaria fazer o mesmo por ela.

"Mas que maior amor pode um filho mostrar ao pai do que retribuir o amor que lhe foi dado?", eu refletia enquanto aprendia a cuidar das necessidades básicas de mamãe.

Os médicos finalmente nos deram um diagnóstico. Uma doença infecciosa invadira a medula espinhal. Iniciou-se um tratamento com drogas injetadas por via intravenosa. Ela permaneceu no hospital por mais um mês.

Como precisava aprender a andar de novo, mamãe foi encaminhada a um centro de reabilitação por dois meses. Tornei-me sua orientadora enquanto ela lutava para recobrar a força nas pernas. A cada dia eu me maravilhava ao ver mamãe dar passos de bebê e, então, caminhar de novo como um adulto. Alegrei-me por ela do mesmo modo que, tenho certeza, ela se alegrou quando aprendi a andar.

Depois de três meses, mamãe estava animada com a ideia de voltar para casa. Contudo, eu receava que ela não estivesse em condições. Em pouco tempo, meus temores se concretizaram e ficou evidente que mamãe não poderia mais viver sozinha.

Eu passava quatro dias por semana na casa de minha mãe, cuidando dela, ao mesmo tempo que trabalhava em tempo integral. Isso foi demais para mim. Depois de muita oração e conversa com minhas irmãs, eu sabia o que precisava ser feito. Aos 41 anos, pedi demissão de meu trabalho, vendi minhas posses e voltei para casa. Foi difícil deixar a vida que eu havia construído para mim e voltar para casa, mas sabia que era a decisão correta.

Precisei reaprender imediatamente a me relacionar com minha mãe. Nosso relacionamento mudara com o passar dos anos. Eu me havia tornado eu mesma. Posso dizer que havia largado a barra da saia de minha mãe.

Mamãe enfrentou dificuldades com a nova pessoa em que eu me transformara, mas terminou aceitando minha singularidade. Começamos a aprender a gostar uma da outra de uma maneira diferente.

Quando as coisas começaram a normalizar, recebemos notícias estarrecedoras. Mamãe estava sofrendo de demência. Os sinais estavam ali, mas atribuí tudo à idade avançada, lembrando a mim mesma que eu também esquecia as coisas. Ela passou a tomar remédios para ajudá-la na questão da memória, mas o médico nos advertiu de que seu estado se agravaria. Ela já havia piorado bastante no último ano.

Em meio à demência e a outros problemas físicos, precisei reaprender a amá-la. Chorei pela mãe que ela foi, mas aceitei a pessoa que ela é agora. Sou privilegiada por ter capacidade de ensinar, lembrar e revelar novas verdades a ela.

Sim, é duro ser a pessoa que a ajuda em tudo. Ela vai comigo ao mercado e desaparece. Quando a encontro, vejo que comprou cinco fardos de rolos de papel higiênico, oito pacotes de sacos de lixo, dez caixas de pudim e dez litros de leite! Preciso lembrá-la amorosamente de que não precisamos daqueles itens e, então, devolvo tudo às prateleiras.

É comum mamãe gritar que a televisão está quebrada no momento em que a desliga ou quando não consegue lembrar-se de como se usa o controle remoto. Preciso ensiná-la a usar o controle remoto por diversas vezes.

Ela atende ao telefone e diz que não moro com ela. Mamãe não se lembra de como usar o micro-ondas e, por isso, tenta acender o forno para preparar uma comida de micro-ondas! Preciso ajudá-la a usar o forno todos os dias.

Mamãe costumava fazer estudos bíblicos na igreja, mas não consegue mais se lembrar das lições. O pastor permite que ela ajude durante os estudos bíblicos, deixando-a falar alguma coisa também.

Esse é o ponto em que mamãe está neste período de sua vida. Não posso negar nem reajustar nada. Optei por me adaptar e aprender a amá-la de um modo diferente.

As lições que estou aprendendo mudaram minha vida para sempre. Não me concentro mais em mim mesma. Aprendi a sorrir. Sou mais paciente, compassiva e perdoadora. Confio totalmente em Deus para obter forças. Todo dia é uma nova aventura com mamãe, e cada dia é uma nova oportunidade de amá-la.

As pessoas mudam. Às vezes, os problemas físicos as transformam, do mesmo modo que a vida e a personalidade da sra. Waters mudaram por causa da demência. Em outros momentos, os problemas emocionais ou os desafios da vida fazem as pessoas mudar. E às vezes as pessoas mudam simplesmente porque a vida é dinâmica.

Quando as pessoas mudam, podemos, tal como Faith, nos ver diante de uma decisão. Vamos abandonar o relacionamento? Ou vamos aprender a amar a nova pessoa que tomou posse do corpo com o qual estamos familiarizados?

É preciso coragem para aprender a amar novas personalidades que se apresentam numa pele familiar. Significa não apenas amar a pessoa, mas também abraçar quem a pessoa se tornou. Como Faith descobriu, o processo de reaprender a amar pode ser mais difícil que imaginávamos. Mas o amor verdadeiro tem a coragem de continuar amando por entre os desafios da vida.

Tentativas e erros

Billy Cuchens

Antes de me casar, alguém me disse que o primeiro ano do casamento seria o mais difícil. Quando eu e minha esposa comemoramos nosso primeiro aniversário de casamento, refleti sobre o ano e analisei se concordava ou não com aquela declaração. Lembro-me da primeira vez que vi minha esposa explodir. Ela não conseguia encontrar o descascador de legumes e chorou no quarto por uma hora.

— Acho que você está exagerando. Você não pode simplesmente usar uma faca?

— Você não entende — disse ela. — Não quero usar uma faca. Quero usar o descascador. Só quero saber onde ele está. Eu o vi ontem.

"Tudo isso por causa de um pepino?", pensei. Ela estava certa: não entendi.

Ela me ligava várias vezes no trabalho, chorando porque havia queimado o jantar, porque não conseguia encontrar o controle remoto ou porque havia perdido as chaves.

— Há uma fila de clientes aqui na minha frente. Você não poderia telefonar na hora do intervalo?

— Não se incomode — dizia ela rapidamente. Então, desligava.

Ótimo. Trabalho oito horas seguidas e depois, quando chegar em casa, terei aquelas conversas de três horas.

Assim, naquele momento, concluí que o primeiro ano do casamento realmente deveria ser o pior.

No ano seguinte, eu e minha esposa tentamos dar início a nossa família. Tornar-se mãe era o maior sonho de minha esposa. Ela sabia disso desde seu primeiro trabalho informal como babá, aos onze anos de idade. Durante a época do ensino médio, ela era a preferida dos casais da vizinhança para cuidar dos filhos enquanto saíam para uma noite romântica.

Na faculdade, ela se formou em desenvolvimento infantil. Armada de diploma, amplos conhecimentos e profundo amor por crianças comportadas, foi muito bem-sucedida como babá em tempo integral por muitos anos. Todas as famílias que a contratavam adoravam seu trabalho. As crianças a viam como uma segunda mãe, e as mães e os pais lhe confiavam cartões de crédito. Mas, ao mesmo tempo que se tornava parte de cada família, ela desejava cada vez mais ter sua própria família.

Considerando suas habilidades e sua paixão, o fato de ela não conseguir engravidar parecia uma daquelas pequenas e cruéis piadas da vida. Durante um ano, tentamos conceber, sem sucesso, até que decidimos procurar ajuda médica.

Lembro-me das muitas conversas que tivemos antes de nossa primeira visita ao médico especialista em reprodução humana. "Outros casais têm filhos com tanta facilidade", dizia ela sempre. "Por que é tão difícil para nós?"

Chegou uma época em que fiquei sem respostas. Em dado momento, simplesmente desisti e passei a dizer apenas: "Eu não sei, querida".

Os meses seguintes se arrastaram de modo doloroso. Nosso relacionamento começou a ser afetado. Eu passava meus intervalos no trabalho ouvindo suas lamúrias.

"Você não entende a situação pela qual estou passando", ela dizia. "É o *meu* corpo que está ruim, não o seu. Você não precisa ir à clínica dia sim, dia não para fazer exames, coletar sangue e fazer ultrassom."

Embora isso fosse verdade, não havia nada que eu pudesse fazer. Eu não podia passar pelos exames no lugar dela. Às vezes eu não telefonava durante os intervalos porque não queria lidar com perguntas às quais não sabia responder.

Depois de cerca de um ano de tratamento, participamos de um retiro para casais no qual compartilhamos de uma intensa experiência de aconselhamento com dois outros casais. Nossa primeira tarefa foi criar mapas individuais de nossas experiências de vida, os quais seriam discutidos posteriormente.

Na vez de minha esposa, ela contou como cresceu e como nos conhecemos e nos apaixonamos. Quando chegamos à parte relacionada ao nosso relacionamento, ela falou sobre a luta que enfrentávamos com a infertilidade e, como de costume, começou a chorar.

O líder perguntou se eu estivera ao lado dela durante seus momentos de dor. Enquanto esperava que ela confessasse ao grupo minha sensibilidade, eu a ouvi dizer "não".

— Em que momento não estive ao seu lado? — perguntei.
— Muitas vezes.
— Dê um exemplo.
— Lembra-se de uma noite, um mês atrás, quando eu não conseguia dormir? Chorei por horas, e você ficou ali, fingindo que dormia. Então, quando tentei acordá-lo para que pudesse conversar comigo, você saiu com um "Isso de novo?". Aí, chutou os lençóis para fora da cama e saiu do quarto.
— Eu fiz isso? — disse, sentando-me, totalmente surpreso.

Tentei lembrar-me do incidente. Se ela disse que isso aconteceu, então acredito. Fiquei muito preocupado com o fato de ter sido capaz de tratar minha esposa com tanta impaciência. No entanto, o que mais me preocupava era que eu não tinha nenhuma lembrança do incidente.

Vasculhei meu cérebro tentando me lembrar do momento em que fui tão insensível com sua dor. Recordei noites em que fiquei assistindo à televisão ou trabalhando no computador quando ela se aproximou e perguntou:
— O que você está fazendo?
— Estou ocupado.
— Quer fazer alguma coisa juntos?

Essa pergunta sempre me aborrecia. Ela deixava implícito que eu nunca passava tempo com ela. Também me irritava o fato de eu me sentir preso às possíveis respostas. Se eu dissesse sim, estaria passando um tempo com ela por piedade. Ficaria distraído, pensando naquilo que eu realmente queria fazer. E ficaria ressentido por ter-me afastado daquela atividade, e não conseguiria esconder isso.

Se eu dissesse não, teria a sensação de que era egoísta por não querer passar um tempo com minha esposa. Certa noite, cansei-me disso e falei: "Você realmente precisa arrumar um *hobby*".

Então percebi a mensagem que eu enviara: *Sua dor, seu sofrimento e sua crise de identidade são um estorvo. Você precisa superar isso e seguir em frente, para o meu bem.*

Esse era o marido em que eu me havia transformado?

O conselheiro virou-se para mim e perguntou:
— Como você se sente em relação ao que sua esposa disse?
— Esses últimos meses têm sido muito difíceis para nós...
— Não, não — ele interrompeu. — Não diga isso para mim. Diga a ela.

Virei-me para minha esposa.
— Sei que esses últimos meses têm sido muito difíceis para nós e acho que eu não soube como tratar você quando a via triste. Senti-me incompetente porque não conseguia resolver nossos problemas.

— Por que você acha que precisava resolvê-los? Por que você simplesmente não me escutou?

— Mas que benefício isso poderia trazer?

— É assim que você me faz sentir melhor. Basta que você fique ao meu lado. Não preciso que você sempre dê uma solução para os meus problemas. Às vezes até preciso, mas, em outros momentos, preciso apenas que você me escute. Você precisa separar um tempo para me ouvir.

— Então você quer que eu simplesmente a ouça quando estiver triste? É assim que posso ajudá-la?

— Exatamente.

— Como faço isso?

Ela pensou por alguns instantes.

— Não sei. Acho que vamos ter de descobrir isso juntos.

Quando voltamos do retiro, nosso médico começou a nos preparar para um tratamento mais caro e ambicioso: inseminação artificial. Os preparativos para aquele tratamento incluíam injeções diárias que eu precisava aplicar na região abdominal de minha esposa. Além disso, ela precisava tomar diversos remédios. Teria de ir à clínica em dias alternados para fazer ultrassonografias e exames de sangue. Seus braços começaram a ficar feridos.

Não pude faltar ao trabalho para acompanhá-la no dia da inseminação. Depois, minha esposa me contou sobre o momento em que estava deitada na mesa de exames e começou a chorar. O médico lhe perguntou:

— Por que você está triste? A maioria das minhas pacientes fica muito animada nesta fase.

— É que não deveria acontecer assim.

Acho que ela não sabia como dizer ao médico que o sonho de passar uma noite romântica com seu marido e conceber uma criança havia acabado.

Duas semanas depois, nosso teste de gravidez deu negativo. Poderíamos realizar mais duas inseminações ou mudar para a fertilização *in vitro*.

Naquela noite, não falamos muito durante o jantar. Parecia-me que nossa tristeza, em vez de nos separar, finalmente nos havia unido e não tínhamos nada mais a dizer. Em vez de sair e fazer alguma coisa juntos, simplesmente ficamos em casa.

Não consegui resistir à vontade de limpar as coisas. Nunca havia percebido como o pranto e o aborrecimento poderiam ser tão similares. Tirar a mesa e lavar roupa me davam a ideia de controle sobre minha vida que, em outros aspectos, se havia perdido.

Fiquei pensando se esse era o tipo de pesar que minha esposa havia experimentado no ano anterior. Sendo assim, por que isso estava finalmente me perturbando agora? Teria eu aprendido no retiro como estar ao lado dela no momento certo? Ou talvez os tratamentos não tivessem realmente me afetado até aquele momento. O médico disse que a possibilidade de sucesso da inseminação artificial era de 25%. Eu me deixara levar pela ideia de que nosso ano de desapontamento enfim terminaria e finalmente conseguiríamos aquilo pelo qual havíamos trabalhado tanto e do que nos achávamos merecedores. Por fim, creio que o sentimento que tive naquela noite foi minha primeira experiência com o verdadeiro pesar.

Na manhã seguinte, levantei-me bem cedo e encontrei minha esposa no chão do banheiro, chorando. Sentei-me ao seu lado e coloquei o braço sobre sua perna. Não falamos nada por vários minutos. Simplesmente compartilhamos o silêncio. Quando ela suspirava, eu suspirava. Finalmente, ela sussurrou:

— O que vamos fazer?

— Se pararmos, todo nosso investimento de dinheiro, dor e sofrimento terá sido inútil. Não teremos nada para mostrar como resultado dos últimos anos.

— Eu sei. Mas sinto-me como se estivesse vendo nosso futuro escorrer por entre os dedos. Esses tratamentos são como apostas; quanto mais perdemos, mais achamos que é preciso continuar simplesmente para ter alguma coisa para mostrar. Precisamos parar agora, antes que percamos mais alguma coisa.

Encerramos nosso tratamento para a infertilidade. Naquele momento, simplesmente presumi que o pesar e o desapontamento haviam finalmente nos exaurido. Anos mais tarde, minha esposa me disse que ela começou a se curar de sua dor quando juntei-me a ela em seu pesar. Ela disse que não foi nada complicado — simplesmente reservei um tempo para estar com ela, dei-lhe ouvidos e deixei que desabafasse, sem corrigi-la.

Não fiz um esforço consciente para me concentrar em suas necessidades. Em vez disso, esforcei-me mais para estar envolvido.

Quando relembro meus primeiros três anos de casamento, penso nos momentos realmente difíceis. Penso na dor emocional e na perda de sonhos que compartilhávamos e como isso me afetou como marido. Mas também entendo como essas experiências foram similares aos episódios do descascador de pepino e dos jantares que queimaram. Neste momento, minha esposa precisa da mesma coisa de mim: que eu a ouça e respeite seus sentimentos.

Essas experiências que vivenciamos desempenharam um papel significativo no tipo de família que temos hoje. Alcançamos uma proximidade e uma intimidade que eu jamais imaginei ser possível entre dois seres humanos. Minha capacidade de me envolver tem fortalecido o relacionamento com minha esposa... e tem me ajudado a ser o tipo de pai para meus dois filhos adotados que tenho orgulho de ser.

Muitos de nós somos criados com o desejo de resolver problemas ou "consertar" tudo para aqueles a quem amamos. Quando não podemos fazê-lo, ficamos frustrados e impacientes. Se formos honestos, às vezes precisamos admitir que, se não for para corrigir as coisas, não queremos ser perturbados.

O amor não exige que sempre tenhamos todas as respostas. Em vez disso, muitas vezes o amor pede que escutemos o problema, tentemos entender o outro e expressemos condolências, empatia ou amor.

Há momentos em que amar significa simplesmente estar ao lado da pessoa com quem nos importamos, tentando sentir o que ela está experimentando em termos emocionais, ouvindo e entendendo sua perspectiva, até que comecemos a compreender e sentir compaixão. Como Billy descobriu, é comum que amar signifique simplesmente "viver o momento" junto de outra pessoa.

O mundo não gira ao meu redor

Christine McNamara

"Sinto-me como uma princesa!", exclamei à minha amiga e madrinha de casamento enquanto conversávamos sobre os planos para a cerimônia de casamento. Em nossa noite mensal de jogos, promovida por ela e seu marido um ano antes, conheci Dave. Ele era um solteirão de 35 anos, e eu uma viúva de 32 anos, com três filhos pequenos, dois ainda usando fraldas.

Amigos mútuos nos contaram histórias das muitas mulheres que tentaram conquistar Dave. Também me advertiram de que ele jamais se casaria com uma mulher com três filhos. Contudo, ele optou por me pedir em casamento! Sete meses depois, estávamos no altar dizendo "Sim, com certeza!" ao amor e ao cuidado mútuos.

Foi especialmente significativo o fato de Dave ter escolhido casar comigo em detrimento de todas aquelas mulheres, porque vivi com sentimentos de rejeição e imperfeição por muito tempo. Na época da morte de meu primeiro marido, estávamos no meio do processo de reparação de um casamento arruinado depois de anos de feridas.

Aprendi muito em meu primeiro casamento e resolvi que, se casasse novamente, tudo seria diferente, incluindo meu tipo de homem. Eu reconhecia minha parcela de responsabilidade na discórdia que vivenciamos naquele casamento, mas acreditava que a culpa maior era de meu marido.

Dave era completamente diferente. Ao contrário de meu primeiro marido, ele tinha grande capacidade de prevenir e resolver problemas. Eu admirava e respeitava essas qualidades... ou pelo menos pensava que sim.

Depois de nos decidirmos sobre o casamento, os rumos se definiram rapidamente. Queríamos casar dentro de sete meses. Com toda a eficiência, reservei a igreja, convidei o coral e comecei a consultar preços e informações sobre os itens mais importantes para uma cerimônia não muito cara, mas ainda assim interessante.

Quando senti que tinha informação suficiente para conversar com Dave, sentamos para revisar o que eu considerava serem listas bem elaboradas de coisas que havia feito. Depois de apresentar orgulhosamente minhas informações, ele perguntou:

— E quem vai abrir a igreja naquela manhã?

— Bem, não sei ainda, mas tenho certeza de que saberemos quando estivermos mais perto — respondi.

— Penso que deveríamos saber isso agora, para não ficarmos do lado de fora, sem poder entrar.

— Temos meses para descobrir isso. Não acredito que você vai se preocupar agora com um detalhe tão minúsculo!

Fiquei frustrada diante da concentração de Dave em algo aparentemente tão insignificante naquele momento. Também fiquei triste por causa daquilo que eu achava que ele estava de fato dizendo: "Você fracassou nesta tarefa".

Nos primeiros anos de nosso casamento, enfrentamos várias situações como essa, nas quais eu saía da discussão sentindo-me incapaz ou um verdadeiro fracasso.

Certo dia, Dave entrou na cozinha enquanto eu picava um ovo cozido e disse: "Você está cortando do jeito errado".

Perguntei-lhe qual era o jeito certo, e ele me mostrou. Fiquei irritada com o fato de ele usar uma situação tão simples e transformá-la numa questão de certo ou errado.

Em outra ocasião, ouvi o aspirador de pó ligado e perguntei:

— Querido, o que você está fazendo?

— Estou limpando a sala.

— Por que você está passando o aspirador de pó? Por acaso parece que a sala está precisando de limpeza?

— Pensei que poderia ajudar.

— Eu passo o aspirador; você não precisa fazer isso por mim — respondi, irritada. Interpretei sua oferta de ajuda como "Você não está fazendo seu trabalho, então vou fazê-lo por você". Mais uma vez, senti que ele estava dizendo que eu era incapaz.

Outro exemplo aconteceu no final de um dia de trabalho, quando Dave perguntou educadamente: "Como foi seu dia?".

Contei-lhe a frustração que senti diante de uma situação no trabalho. Em vez de ser compreensivo e ouvir, ele começou a me apresentar as possíveis soluções. Achei que já estava resolvendo a situação e que precisava apenas desabafar. Senti que ele estava dizendo que eu era incapaz de descobrir sozinha uma solução para o problema.

Eu sabia que Dave me amava, mas não me sentia amada. Em vez disso, eu me sentia ferida e inadequada. Embora Dave fosse um homem completamente diferente do meu primeiro marido, eu experimentava sentimentos parecidos com os que sentira em meu primeiro casamento. Como era possível?

Depois de passar diversas vezes por situações desse tipo, descobri que os dois casamentos tinham um ponto comum: EU.

Ao refletir com mais cuidado sobre essas situações, percebi que eu levava para um lado extremamente pessoal qualquer coisa que Dave dizia ou fazia.

Depois de ser ferida em meu primeiro casamento e em outros relacionamentos, acostumei-me a analisar como a vida *me* afetava. Cega para o fato de que o mundo não girava ao meu redor, tornei-me muito sensível àquilo que me cercava, especialmente às pessoas mais próximas de mim. Cheguei à conclusão de que era adulta, mas minhas reações emocionais eram infantis e definitivamente nada benéficas para mim ou para meu casamento.

Eu esperava que meu marido reconhecesse e valorizasse as coisas que eu fazia bem. Contudo, Dave admite que não percebe rapidamente coisas que já foram concluídas e benfeitas. Ele é mais propenso a enxergar as coisas que precisam ser concluídas ou consertadas. Em vez de apreciar as habilidades na resolução de problemas, eu considerava suas tentativas de ser útil como ofensas pessoais.

Em todas as situações, Dave apenas tentava ser útil; ele não estava fazendo um julgamento do meu caráter ou do meu desempenho. Eu precisava apenas ouvir a informação e decidir o que fazer com ela.

A pergunta de Dave sobre a chave da igreja era legítima. Ele estava simplesmente pensando adiante, sem fazer nenhuma declaração sobre minha capacidade de planejamento. O fato de que eu não havia pensado na chave naquele momento certamente não me transformava num fracasso. Eu poderia simplesmente ter reconhecido o descuido, incluído o assunto na minha lista e seguido em frente. Em vez disso, levei para o lado pessoal.

Amar meu marido inclui conceder-lhe a liberdade de ajudar, dar conselhos e compartilhar seus pensamentos sem interpretar suas intenções como ataques pessoais. Amá-lo é aceitar que suas tentativas de ajudar são exatamente isso: tentativas de ajudar. Amá-lo é tirar o foco de mim e ouvi-lo com compreensão e aceitação. É fazer que ele saiba que gosto de seus comentários e até mesmo dizer-lhe quando suas sugestões são úteis.

Recentemente, mostrei-lhe uma peça que escrevi para anunciar um programa de nossa igreja. Queria ouvir seus comentários quanto a ter comunicado claramente o propósito do programa. Enquanto ele lia, começou a questionar a estrutura do programa.

Em outra época, minha reação teria sido defensiva, uma vez que eu havia desenvolvido a estrutura do programa. Eu teria pedido que ele prestasse atenção apenas àquilo que lhe havia solicidado. Em vez disso, ouvi seu ponto de vista e discutimos nossos modos de pensar. Saí da conversa não completamente convencida de sua opinião, mas disposta a considerá-la.

Enquanto eu pensava naquilo, percebi que ele tinha razão em algumas coisas e fiz mudanças para incorporar suas ideias. Mais tarde, agradeci-lhe seus comentários e contei que de fato cheguei a implementar algumas de suas sugestões. Nessa situação, fui capaz de demonstrar amor por meu marido ao ouvi-lo respeitosamente e ao considerar suas ideias sem levar a questão para o lado pessoal.

Tirar o foco de mim em situações desse tipo abre caminho para que eu aceite mais prontamente e deixe passar as deficiências de Dave — além de me ajudar a apreciá-lo e respeitá-lo. Sou capaz de amá-lo com um amor mais genuíno.

Os jovens adultos da década de 1980 foram frequentemente considerados egoístas ou a geração do "eu". Infelizmente, esse segmento da população não é o único no mercado da concentração em si mesmo.

O fato é que nos lares, nas escolas, nas empresas e até mesmo nas igrejas queremos cada vez mais que "minhas necessidades sejam atendidas". Se não forem, estamos fora — e procuramos aquela pessoa, lugar ou organização que, enganosamente, será "melhor" para nós. Buscamos ser servidos, em vez de servir. Como resultado, vemo-nos em constante movimento, sem nunca nos estabelecer com maturidade para deixar que as raízes de nossos relacionamentos se aprofundem.

Como Christine descobriu, "o mundo não gira ao meu redor". Em vez disso, os melhores relacionamentos são aqueles nos quais decidimos que as coisas devem girar em torno da outra pessoa.

É estranho, mas, na vida, como diziam os antigos, "tudo o que vai, volta". Conforme nos concentramos menos em nós mesmos e começamos a nos concentrar mais nas outras pessoas que fazem parte de nosso relacionamento, às vezes elas começam a se concentrar em nós. É então que as raízes do amor se aprofundam, encontram alimento e começam a florescer.

Não é a moça certa para o meu filho?

Ann Varnum

Abrindo os olhos vagarosamente, tentei focar o pequeno pacote colocado em meus braços.

— É um menino — disse a enfermeira. — E é bastante cabeludo.

Foi amor à primeira vista.

Tendo nascido numa família de quatro meninas, eu desejava ter uma descendência masculina. Minha família inteira ficou animada por finalmente ter um menino em nosso meio.

Conforme crescia, Trant estava sempre cercado de familiares amorosos. Aos olhos de seus parentes, ele era incapaz de fazer alguma coisa ruim. Trant destacava-se na escola. Tinha muitos amigos e gostava de participar de qualquer esporte.

Durante os anos de seu desenvolvimento, sempre orei e fiquei imaginando o tipo de esposa de que meu filho precisaria. Conforme ele foi ficando mais velho, trouxe muitas moças atraentes para que eu conhecesse. Gostei da maioria delas.

Contudo, por mais belas e doces que aquelas moças pudessem ser, Trant nunca namorou nenhuma delas por muito tempo. Até o dia em que entrou na faculdade, nunca havia namorado realmente firme.

Certo dia, ele me disse que havia sonhado algumas noites atrás com uma moça de olhos e cabelos escuros. Concordei que talvez realmente existisse uma mulher como aquela de seu sonho, uma mulher que seria perfeita para ele.

Eu não fazia a menor ideia de que ele estava prestes a encontrá-la. De fato, minha irmã mais nova os apresentou, ou melhor, reapresentou. Eles haviam trabalhado juntos por algum tempo enquanto ela ainda era casada. O marido de Karen se envolvera com outra mulher e deixara a esposa e as duas filhas pequenas.

Karen não era o que eu imaginava para meu filho. Num primeiro momento, convenci-me de que a atração entre eles estava baseada na compaixão que ele sentia por ela e pelas crianças e na necessidade dela de conseguir ajuda. Mas nunca vira meu filho tão interessado. De uma hora para outra, ele queria passar cada segundo com ela.

As meninas, com dois e cinco anos, eram encantadoras, mas eu ainda não estava feliz com o relacionamento. Meu filho ainda cursava a faculdade e mal conseguia cuidar de si mesmo, quanto mais de uma família completa. Além do mais, no meio desse drama, perdi completamente a voz e não conseguia emitir nenhum som.

Certo dia, o telefone tocou, e meu marido me disse que nosso filho queria conversar comigo. Trant sabia que eu não podia falar com ele e, desse modo, não consegui imaginar a razão de ele ter telefonado. Peguei o fone e dei um breve assobio, que era tudo o que eu conseguia fazer.

— Mamãe — ele disse — acabei de pedir Karen em casamento. O que você acha?

Houve um silêncio, porque eu estava literalmente sem palavras, no sentido mais profundo da expressão.

— Mãe — Trant continuou — se você está feliz em relação a isso, assobie uma vez, senão assobie duas vezes.

Eu estava tão dominada pela emoção que mal consegui dar um leve assobio, quanto mais dois. Ele pulou de alegria.

— Mamãe, eu sabia que você ficaria feliz com isso.

Então pude ouvi-lo dizer a Karen:

— Mamãe também achou isso maravilhoso!

Quando desliguei o telefone, comecei a chorar. Agarrei o bloco de notas que mantinha comigo devido a minha mudez e escrevi um bilhete para meu marido explicando a ligação telefônica. Ele colocou os braços ao meu redor e garantiu que tudo daria certo.

Naquela noite, fiquei virando na cama em busca de uma maneira de lidar com esse problema. Eu pensava todas as razões pelas quais aquilo não daria certo.

No dia seguinte, percebi que meu marido estava certo: precisávamos tirar o melhor de tudo isso. Mas eu simplesmente não sabia como fazê-lo.

Quanto mais eu tentava discutir a situação com meu marido e com amigos próximos, mais impossível o problema parecia. Sempre que Trant trazia Karen a nossa casa, sentia que ela ficava nervosa e insegura perto de mim.

Certa noite, comecei a fazer uma lista de todas as coisas negativas do relacionamento deles. Depois de encher uma página — e para ser justa, pensei que também poderia escrever alguma coisa boa que houvesse naquela futura união. A única coisa que consegui escrever foi que as meninas eram adoráveis.

Dia após dia, eu me concentrava na angústia que sentia por causa do relacionamento deles. Estava sendo consumida pela dor. Então, certa manhã, enquanto olhava outra vez para minha lista, escrevi: "Ela é uma boa mãe e tem olhos e cabelos escuros".

Bem, não era muita coisa, mas era um começo.

Tão logo me conscientizei de que precisava mudar a maneira como me sentia em relação àquela moça para quem o coração de meu filho se havia voltado, algo realmente incrível começou a acontecer. Parei de rolar na cama à noite e consegui voltar a dormir bem.

A verdadeira mudança em meu relacionamento com Karen, porém, aconteceu numa tarde de domingo. Eu e meu marido acabáramos de chegar do restaurante onde jantamos depois de ir à igreja. Uma vez que o carro de Trant estava estacionado em frente de casa, quando abri a porta da frente chamei seu nome para que ele soubesse que havíamos chegado. Tínhamos uma visita especial conosco, um famoso advogado da Virgínia. Eu queria que meu filho conversasse com nosso amigo, mas não imaginava que Karen estivesse com ele.

Enquanto entrava, vi os dois. Trant estava esticado na espreguiçadeira, e Karen estava sentada em nosso sofá pequeno. Eles haviam acabado de chegar da praia e pareciam dois "farofeiros". O cabelo de Karen estava um horror, e ela não tinha um grama de maquiagem no rosto. Percebi sua insegurança enquanto apresentávamos nosso convidado, e senti um nó se formando em minha garganta.

Nesse momento, Trant levantou-se num salto e me abraçou, e virei-me para abraçar Karen também. Olhando nos olhos dela, tive a sensação de estar vendo um pequeno coelho iluminado pelo farol de um carro.

Enquanto me curvava em sua direção, ela se levantou para me cumprimentar. No segundo em que passou em meus braços, soube que um verdadeiro milagre havia acabado de acontecer. Meu coração de mãe a viu, e a mais pura forma de amor por ela me envolveu. Eu não me importava mais com o que nosso importante convidado pensaria dela.

Naquela tarde, Karen transformou-se numa filha para mim. Ajudei-a a fazer os planos para o casamento e, no lanche com as madrinhas, disse às convidadas quanto havia aprendido a amá-la.

Em vez de se tornar um estorvo para meu filho, Karen transformou-se num bem. Quando Trant decidiu fazer a faculdade de direito, ela ajudou no sustento da família. Quando Trant concluiu os estudos com honras, Karen colocou-se ao lado dele, e isso foi simbólico. Ele jamais teria conseguido sem ela.

Revendo os últimos anos, percebemos que muitos dos colegas de meu filho enfrentaram o divórcio, o que não aconteceu com

Trant e Karen. Em janeiro passado, eles comemoram o vigésimo aniversário de casamento. Fico muito feliz por ter acordado um dia e percebido que não poderia escolher uma companheira para meu filho; essa sempre seria uma escolha dele. Afinal de contas, ele tem muito bom gosto.

Não podemos controlar outras pessoas quando se trata de relacionamentos. Não podemos controlar a vida das pessoas a quem amamos, nem podemos controlar suas escolhas se elas forem adultas. Mas podemos orar para que aconteça o melhor.

Quando alguém a quem amamos escolhe um parceiro romântico, podemos tentar ver a pessoa através dos olhos do nosso ente querido.

Às vezes precisamos apenas confiar... acreditar que a pessoa com quem nos importamos sabe o que está fazendo. E quando amamos o suficiente para confiar e orar pedindo que aconteça o melhor, normalmente não ficamos desapontados. Quando estamos dispostos a mudar nossa primeira impressão, é comum ficarmos agradavelmente surpresos.

Bondade numa caixa prateada

Pamela Dowd

Não fazia quinze minutos que meu marido havia chegado do trabalho quando ele disse algo que derramou gasolina sobre minhas emoções flamejantes. Nem me lembro do que ele disse. Mas me *lembro* de minha resposta.

Infelizmente para Rodney, eu continuava repetindo uma frase que me assolou a mente, fora de controle, desde nossa discussão não finalizada sobre a conta de luz naquela manhã.

— Eu gostaria de ser uma de suas clientes! — falei. Minhas mãos estavam molhadas de suor.

Mordi meu lábio. Se Rodney pudesse entender que as pessoas com quem ele trabalhava tinham exatamente o que *eu* queria — um ouvido atento, uma palavra de incentivo ou conselho, alguém para defendê-las, rir com elas e apoiá-las —, ele se sentiria muito mal por estar ignorando minhas necessidades.

Rodney parou por um instante, franziu a testa e me examinou através de olhos semicerrados.

— E o que isso quer dizer?

Odeio quando meu marido advogado brinca de promotor, interrogando sua testemunha como se não tivesse noção alguma do caso — algo que você não deve fazer no tribunal *nem* no casamento.

Coloquei as mãos na cintura e ouvi minha própria voz reclamando:

— Então você me trataria com respeito.

— Chego em casa, vindo de uma zona de guerra, para entrar em outra. Não consigo vencer.

Ajustou o controle do ar-condicionado para frio como se o clima entre nós não tivesse esfriado o suficiente.

Tão claro como um raio, percebi que, se eu realmente quisesse ser respeitada, provavelmente deveria mostrar um pouco de respeito também. Mas não tive tempo de amadurecer a ideia antes de ele me irritar de novo.

— Vou para o campo de golfe — ele disse, e saiu.

Isso é que é um ciclo destinado a incinerar o mais vigoroso dos casamentos. Quanto mais ele ignorava minhas necessidades, mais eu reclamava; e, quanto mais ele se afastava, mais eu o punia. Então ele reclamava de que eu não o incentivava o suficiente, e eu protestava um pouco mais. Será que meu marido não percebia que não havia como incentivar um homem como ele? Chorei. Pelo menos nossos filhos não presenciaram aquela situação.

No dia seguinte encontrei-me com uma amiga para almoçar. Joy havia voltado recentemente de uma viagem missionária ao exterior e estava ansiosa para contar as novidades. Não demorou muito para que meus problemas conjugais viessem à tona.

Embora casada com um parceiro adorável, Joy mal piscou os olhos enquanto absorvia minha ira. Eu estava distraída enquanto ela orava por mim. Mas uma coisa que ela disse chamou minha atenção: "Que as palavras de Pam para Rodney sejam como caixas prateadas de incentivo".

Eu não tive tempo de perguntar o que ela quis dizer com aquela estranha frase. Precisava correr para pegar uma carona. A curiosa expressão "caixas prateadas de incentivo" giraram em minha cabeça como uma semente jogada em terreno pedregoso; a imagem de uma vida diferente lutava para brotar.

Decidi procurar uma caixa prateada para enchê-la com palavras de incentivo. Embora eu não tivesse certeza de que conseguiria fazer isso, ou até mesmo se conseguiria encontrar uma caixa, precisava fazê-lo.

— Quero incentivar mais o papai — disse a minhas três filhas quando elas entraram na *minivan*.

Disseram que seu pai não merecia isso, justificando meu desejo de desistir da ideia impulsiva. Os meses de luta verbal constante haviam causado um efeito sobre todas nós, e eu vacilei.

Engoli meu orgulho ferido, mas consegui falar:

— Vocês não precisam incentivar o papai se não quiserem fazê-lo, mas sejam pacientes comigo enquanto tento. Essa experiência pode ajudar a todas nós.

Tentei explicar meu plano nebuloso enquanto estacionava em frente de uma pequena loja de presentes.

— Vocês querem entrar e me ajudar a procurar?

As gêmeas tinham tarefas da escola para fazer e, assim, corri para dentro da loja com minha filha de dez anos a reboque.

— Olhe, mamãe, ali está sua caixa.

Lindsay apontou para uma caixa prateada solitária, em cima de uma mesa cheia de curiosidades, e então correu para a seção infantil.

Encontrei outras cinco caixas prateadas nos fundos da loja. Abri cada uma delas e encontrei um forro de veludo vermelho. Não gostei. Alguma coisa ligada à cor vermelha me lembrava do que eu estava abdicando ao mudar — do *poder* de repetir e reclamar, do *direito* de reagir com vingança sempre que caía em seu laço, e do *merecimento*, que enfatizava que eu não merecia ser tratada daquele modo.

Balancei a cabeça. Eu estava tão tomada por pensamentos ruins como meu marido estava tomado de ira desenfreada.

Voltei para examinar a caixa que minha filha havia escolhido. Aquele pequeno porta-joias tinha um forro de veludo branco que lembrava o que eu queria que minhas palavras representassem: bondade sincera.

Quando chegamos em casa, coloquei a caixa no gabinete do banheiro, embaixo do espelho. Pode parecer tolice, mas pensei que deveria ensaiar antes de dizer qualquer coisa que viesse à mente. A situação estava nesse nível entre nós. A tarefa de incentivar um homem que havia transformado minha vida num inferno assumira a proporção de um milagre. Eu batia o lápis na mesa, pensando no que dizer. Que elogio sincero eu poderia fazer?

Finalmente escrevi numa tira de papel: "Fico feliz quando você enche o tanque do meu carro".

Coloquei a frase dentro da caixa e decidi dizer isso a Rodney quando estivéssemos sozinhos. Não queria ver as meninas fazendo caretas.

Pronunciei as palavras com o coração apertado. Ele respondeu: "Obrigado por notar".

Uau! Fiquei arrepiada.

Enquanto me enfiava embaixo das cobertas para ler um ou dois versículos bíblicos antes de dormir, abri em Efésios 4:29: "Usem apenas palavras boas, que ajudam os outros a crescer na fé e a conseguir o que necessitam, para que as coisas que vocês dizem façam bem aos que ouvem" (BLH). Sorri enquanto me deitava, acenando um *muito obrigada* na direção do céu.

Durante todo o ano seguinte, enchi a caixa prateada com muitas palavras de incentivo. Rodney não sabia o que eu estava fazendo, mas sua atitude mudou e ele parecia mais confiante. As meninas também perceberam. A paz havia chegado a nosso lar.

Falei e escrevi até que as frases começaram a pular para fora da caixa como se tivessem molas. Era estimulante ver meu experimento crescer.

Quando eu ficava desanimada, relia os comentários positivos para reforçar minha resolução. Conforme eu praticava o ato de dar incentivo, ela se fortalecia dentro de mim.

No dia de ano novo, dei a caixa prateada de presente a Rodney. Ele abriu cuidadosamente cada uma das pequenas tiras de papel

— havia pelo menos duzentas. Leu cada uma delas em voz alta, perplexo. Ele não havia percebido que eu estava enchendo uma caixa, mas notou que *eu* havia mudado!

As palavras são poderosas, e os elogios têm força. A Bíblia chega a dizer que as palavras proferidas no momento certo são "como frutas de ouro incrustadas numa escultura de prata" (Pv 25:11). Ouro e prata não são apenas metais perfeitos, mas também valiosos.

Do mesmo modo, palavras de elogio são não apenas perfeitas, mas também valiosas. Um único comentário doce pode não fazer muita diferença, mas utilize um número significativo deles — pelo menos um por dia — e eles poderão deter a onda negativa presente num relacionamento e até mesmo mudar sua direção.

A chave, como Pamela destacou, é a sinceridade. Quando você está apenas adulando uma pessoa, ela geralmente percebe ou desconfia da falta de honestidade. Mas quando somos específicos e verdadeiros, nossas palavras são apreciadas.

Você não sabe por onde começar para introduzir os elogios num relacionamento? Bem, algo tão básico como "Fico feliz quando você enche o tanque do meu carro" pode funcionar muito bem, como Pamela descobriu.

Uma tulipa da primavera em solo congelado

Gena Bradford

Aos 21 anos, casei-me com Jack, meu melhor amigo. Nós nos conhecemos na faculdade. Eu gostava dele por seu senso de humor, sua vivacidade e sua personalidade tranquila. Ele foi eleito o palhaço da classe, e todos os dias me fazia rir em voz alta. Era sua marca registrada. Ele também parecia estável e fiel, duas qualidades que eu considerava muito valiosas, uma vez que havia crescido num lar desfeito. Eu achava que meu amor por ele duraria para sempre, mas éramos jovens e nosso amor fora construído sobre expectativas irreais que tínhamos um do outro.

No sétimo ano de nosso casamento, vi a personalidade de meu marido mudar, e ele deixou de ser um homem encantador e cheio de autoconfiança para se transformar numa pessoa infeliz, um estranho com quem era difícil conviver. Conforme ele mudava, eu via meu amor desaparecer.

Havíamos acabado de mudar da Califórnia, de volta à cidade onde havíamos estudado, em Spokane, Washington, planejando criar nossa família ali. Embora Jack estivesse desempregado, economizamos dinheiro suficiente para as despesas de várias semanas e estávamos confiantes de que ele encontraria um emprego rapidamente.

Estávamos errados.

"Sua formação é boa demais", dizia um empregador atrás do outro, diante de seus dois diplomas, um de psicologia e outro de teologia. Não havia oportunidades para que ele pudesse usar sua formação acadêmica. As empresas que ofereciam trabalhos mais braçais tinham receio de contratá-lo, com medo de que ele fosse embora assim que surgisse uma oportunidade melhor.

Uma vez que as portas de emprego continuavam fechadas, Jack se retraía cada vez mais. Vagava o tempo todo pela casa, ressentido, sem falar conosco.

Quando nossa filha de três anos de idade pedia "Papai, por favor, venha brincar comigo", ele se irritava e respondia "Não me perturbe, estou pensando". O comportamento de seu pai a confundia. Normalmente Jack adorava brincar bastante com ela.

Quando eu perguntava "Você quer conversar sobre o que o está perturbando?", recebia uma resposta curta e grossa como "Não há nada me perturbando" ou "Não quero falar nada".

Se eu sugerisse algo que a família pudesse fazer junta, como um piquenique no parque, ele respondia "Prefiro ficar... vão vocês". Ele sempre gostou de assobiar, mas até isso deixara de fazer. Simplesmente permanecia calado num canto, em silêncio introspectivo.

Comecei a reagir ao mau humor de Jack. Aquilo me irritava. Passei a dar-lhe todo tipo de conselho sobre como ele poderia encontrar emprego.

"Querido", eu disse um dia, "por que você não vende aspiradores de pó? Eles estão sempre procurando representantes de vendas."

Embora eu tenha dito isso, sabia muito bem que ele tinha pavor desse tipo de venda de porta em porta.

Dei-lhe todo tipo de conselho espiritual também. "Você está tentando carregar tudo isso sozinho", disse, esperando que ele "descansasse no Senhor" e que ele desfrutasse de cada dia com sua família.

Conforme as semanas se transformavam em meses, eu ficava cada vez mais desgostosa com seu comportamento. Jack não era mais o homem alegre e amoroso com quem eu me casara. Uma distância gélida nos separava cada vez mais e, para piorar as coisas, nosso aluguel estava dois meses atrasado. Todas as nossas economias haviam acabado.

Eu me sentia presa, sem perspectivas. Tentava afastar a terrível ideia do divórcio. Não queria deixar Jack, mas também não queria ficar com ele. A simples ideia do divórcio me entristecia. Minha mãe havia casado três vezes, e eu vivia com a lembrança de um conselheiro pré-nupcial advertindo-me de que, estatisticamente, eu também corria o risco de me divorciar. "É quase inevitável que isso lhe aconteça", ele registrou.

Para mim, o divórcio era uma espécie de morte, uma sala escura e vazia, sem luz e sem vida. Eu já experimentara muito dessa dor com meus pais e, ao mesmo tempo, não conseguia imaginar-me vivendo uma vida inteira com alguém que eu não amava.

Certa tarde, quando me sentia no fundo do poço, uma vizinha apareceu. Gostava das maravilhosas conversas por sobre a cerca que eu mantinha com Peg. Ela estava casada havia vários anos, e era comum compartilharmos nossos pensamentos sobre família e fé. Ela se tornara uma figura materna para mim.

Sentamos à mesa da cozinha. Tomamos várias xícaras de chá. Houve um silêncio. Então, Peg perguntou:

— Como você está, Gena? Como você está de verdade?

Alguma coisa em seu tom gentil despertou meus sentimentos contidos. Derramei meu coração.

— Não sei o que fazer, Peg. Não amo mais o Jack!

— Ah, é isso — ela respondeu calmamente. Senti-me incomodada com a maneira despreocupada como ela reagiu a minha surpreendente confissão.

Peg colocou sua mão sobre a minha.

— Gena, tenho visto vocês dois, jovens. O que você sente em relação a Jack não é surpresa nem novidade. Isso aconteceu comigo e com muitas outras mulheres também.

— Mas isso é diferente — protestei.

— Não, minha cara, receio que não. — Peg então começou a dar-me a mais sábia lição sobre amar que eu já ouvira.

— O amor humano é uma coisa viva e muda o tempo todo — começou ela. — Muda conforme nós mudamos e, às vezes, nós mesmos o moldamos. Colocamos condições como "Vou amá-lo se você satisfizer minhas necessidades".

Conforme ela falava, comecei a ponderar: será que eu perdera meu amor por Jack porque ele não era mais o homem cordial com quem eu havia casado?

— Mas existe um amor que não muda, acrescentou Peg. — E é esse amor que você precisa trazer para seu casamento agora.

— Que amor é esse? — perguntei, um pouco desnorteada.

— É o amor da ressurreição de Deus. Quando nosso amor humano morre, Deus pode substituí-lo pelo amor divino.

Antes de voltar para casa naquele dia, Peg insistiu em que eu orasse e pedisse a Deus que desse de seu amor por Jack, mas eu precisava primeiro confiar em Deus e esperar para ver o que ele poderia fazer. Ela me incentivou a enxergar Jack como Deus o via, com compreensão, ternura, tolerância e perdão.

Assim que Peg saiu, fiz em voz alta a mais simples das orações: "Deus, peço que me dês do teu amor por Jack".

Algumas horas depois, Jack chegou em casa, com o rosto revelando o desânimo em razão do dia que tivera. "Quem o dispensou dessa vez?", pensei. "Que tipo de rejeição dolorosa ele está sentindo neste momento?"

Pela primeira vez em semanas, olhei para ele sem tentar evitar seus olhos e, ao fazê-lo, senti um pequeno surto de ternura, como uma folha verde de tulipa da primavera que tenta abrir caminho por entre o solo congelado do inverno.

Daquele dia em diante, pareceu-me que Jack começou a mudar. O que eu não havia entendido naquela época, porém, é que *eu* era a pessoa que estava mudando. Parei de tentar impor minha vontade a ele, de tentar fazer que ele satisfizesse minhas expectativas. Deixei que ele encontrasse seu próprio caminho, ao mesmo tempo que eu parava de importuná-lo. Concentrei-me em cuidar bem das crianças e fazer o melhor possível para dizer e pensar apenas coisas positivas e incentivadoras. E orei muito a Deus para que ele cuidasse de meu marido.

Cerca de uma semana depois, quando tínhamos apenas nossos últimos cinco dólares, Jack inesperadamente chamou as crianças e eu para uma conversa na sala de estar. Nós nos reunimos em torno da lareira.

— Quero ler uma coisa para vocês — ele explicou — e dizer-lhes o que fiz.

Enquanto eu me sentava com o bebê de um ano chorando no meu colo, ele nos leu a passagem de Mateus 6:25-26, que diz "Não se preocupem com sua própria vida, quanto ao que comer..." e prossegue com a garantia de que, se Deus cuida das aves do céu, certamente cuidará de nós.

— Eu disse a Deus — Jack declarou — que, uma vez que essa é sua promessa para nós, devo crer que ele cuidará de mim e de minha família. Tentei encontrar um emprego com minhas forças, usando todas as opções que tinha. Não encontrei nada e não tenho perspectivas.

— Bom, Deus — Jack continuou — confio que o Senhor fará o que é melhor para todos nós. Até que o Senhor faça isso, farei de contas que estou de férias e desfrutarei esse tempo com minha família.

E, com esse anúncio, Jack olhou para nós e sorriu, pela primeira vez em meses!

Na manhã seguinte, animado com sua convicção sobre o cuidado amoroso de Deus, Jack decidiu sair mais uma vez para procurar emprego. Posteriormente, ele nos contou que, enquanto circulava pela cidade, orou novamente: "Deus, por favor, guie-me. Não sei mais aonde ir". Naquele exato momento, seus olhos foram atraídos para o cartaz de uma agência de empregos que ele não havia visitado. Entrou no escritório e, na recepção, deparou-se com um colega da faculdade com quem não se encontrava havia muitos anos.

Depois de contar a história de sua frustrante busca por um emprego, seu amigo lhe contou sobre um emprego público simples no estado de Washington. Jack foi contratado. O salário era baixo, mas era um emprego, e Jack empenhou toda a sua energia nele. Depois de três anos, suas responsabilidades e seu salário haviam triplicado.

Jack permaneceu como funcionário público por 36 anos e sustentou seus quatro filhos enquanto cresciam, até a faculdade e o início de uma carreira própria. Foi promovido a um cargo no interior onde poderia usar a formação obtida na faculdade. Até hoje ele aconselha homens em recuperação.

Hoje somos avós! Também desfrutamos um relacionamento um com o outro como nunca tivemos. O amor e a alegria, a felicidade e a fidelidade vêm do conhecimento do amor incondicional de Deus por nós e das lições aprendidas sobre mostrar graça um ao outro e perdoar um ao outro porque somos perdoados por Deus. Tudo o que precisamos fazer é pedir ao Pai da vida que transforme um relacionamento morto em algo completamente novo.

Juntos, temos experimentando o poder sobrenatural do amor da ressurreição de Deus, um amor que tem crescido durante todos esses anos de nosso casamento. Cada dificuldade tornou-se uma oportunidade de aprender a amar do jeito de Deus.

Quando você acha que o amor chegou ao fim, então é o momento de realmente começar a amar. Como Peg diria, esse é o momento de fazer uso do amor que está sempre ao alcance e nunca muda: o amor de Deus.

Tal como a vida de modo geral, os relacionamentos passam por estações. Às vezes enfrentamos um verão árido, quando nossos relacionamentos parecem secos e carecem de uma chuva restauradora. Em outras ocasiões, desfrutamos momentos de farta colheita, quando a ordem do dia é festejar e agradecer. Em outras circunstâncias ainda, nossos relacionamentos estão frios e é difícil manter a chama acesa. Podemos até mesmo pensar que nossas amizades ou relacionamentos estão hibernando ou já morreram.

Mas tal qual uma planta que rompe o chão congelado e floresce toda primavera, se plantarmos amor, podemos ter certeza de que nossos relacionamentos algum dia encontrarão nova vida. Às vezes isso requer apenas que suportemos os dias frios e escuros, quando esquecemos como é o calor da vida.

Se você está sentindo os ventos frios, aguente firme, com amor..., pois a estação em breve mudará.

Ela só precisava de tempo

KATHERINE J. CRAWFORD

EM NOSSO ANIVERSÁRIO DE 25 ANOS DE CASAMENTO, meu marido deixou-me sozinha para cuidar de sua mãe, com 93 anos de idade. Ela morava conosco havia dois anos, e alguns dias eram mais fáceis que outros. Quando eu levava o café da manhã até seu quarto, verificava as roupas de cama e tirava suas calças sujas da cadeira antes que ela as vestisse de novo.

— Vovó, a enfermeira chegará daqui a uma hora. Ela vai ajudá-la a tomar banho.

— Não preciso da ajuda de ninguém — ela reclamava comigo. — Se você não tivesse enganado meu filho para que se casasse com você, eu não estaria aqui.

As lágrimas encheram-me os olhos. Dei as costas para a irritada senhora de cabelos grisalhos e abri seu armário.

— Lavei seu vestido azul ontem. Você quer usá-lo ou prefere o rosa?

— Já disse a todo mundo que, se você fosse boa comigo, eu lhe daria minha toalha de mesa. Bem, nenhuma nora me tratará dessa maneira. Você nem me leva para tomar banho.

Não fiquei ali para ouvir o restante de sua falação. Corri para o banheiro antes que as lágrimas da autocomiseração rolassem por meu rosto. "Senhor, eu me esforço ao máximo para essa mulher gostar de mim. O que faço agora?"

Pouco depois, lavei o rosto, retoquei a maquiagem e recebi a enfermeira pela porta dos fundos. Usava a visita dela como oportunidade para fazer compras e tentar deixar a nuvem de depressão para trás.

Na loja, a animação de minha amiga Tammy me fez encher outro balde de lágrimas.

— Bom dia, Kathy. Como estão as coisas com a vovó? — Ela me entregou um lenço e disse:

— Tão ruins assim?

— Completo 25 anos de casada hoje. Talvez você ache que eu já devo ter-me acostumado a qualquer coisa que essa mulher possa dizer.

— Olha, você é uma santa.

— Não sou santa. Sou egoísta. Espero que nossos filhos estejam aprendendo a lição e que cuidem de mim quando eu for velha.

Tammy riu.

— Minha sogra é uma mulher muito forte e provavelmente viverá mais do que eu.

Enquanto saía da loja, pensei no início de tudo.

— Minha mãe quer conhecer você.

Gary me levou até os fundos do santuário.

— Mãe, esta é a Kathy. Vou trazer o carro até a frente da igreja.

Gary deixou-me ali, uma jovem de quinze anos, morena, magérrima, profundamente tímida, em pé diante de uma mulher trinta centímetros mais alta que eu. Seu enorme cabelo branco cacheado emoldurava a face enrugada. Sua austeridade era ameaçadora.

— Bem, uma vez que parece que meu filho tem intenções de continuar vendo você, acho melhor sermos amigas.

Ela me estendeu a mão, sem tirar as luvas.

— De agora em diante, viremos à igreja juntas.

— Sim, senhora.

— Você está convidada para o jantar do domingo que vem.

— Sim, senhora.

O pastor e sua esposa estavam à porta quando descemos as escadas para sair. Fiquei preocupada se aparentava estar tão assustada quanto me sentia.

Lá fora, Gary abriu a porta do passageiro e fez sinal para que entrássemos. Sua mãe correu e se colocou no meio do banco inteiriço do Ford cupê de duas portas.

No domingo seguinte, quando Gary chegou a minha casa, ele sussurrou: "Vou abrir a porta e você escorrega até o meio do banco".

Não olhei para sua mãe, mas sua seriedade me disse que ela não gostou do que acabara de acontecer.

Minha primeira refeição na casa de Gary foi um jantar de domingo à moda antiga, composto de carne de panela, cenoura, batatas e macarrão feito em casa. A torta de maçã da sra. Crawford não apenas tinha a aparência perfeita, mas seu sabor também era a melhor coisa que eu já havia comido. Eu sabia que jamais conseguiria cozinhar como aquela mulher. Minha timidez me impedia de dizer qualquer outra coisa que não fosse "por favor" e "obrigada", quando necessário.

Gary e eu nos casamos dois anos depois. Logo ouvimos de um amigo da igreja o que a mãe de Gary dissera: "Kathy não é a moça que desejo para meu filho. Duvido que permaneçam casados por seis meses".

Ainda casados depois de oito meses, mudamos para um local a dois mil quilômetros de distância.

Nunca usei um termo carinhoso para me referir à sua mãe, e certamente nunca a chamei por seu primeiro nome, *Myrtle*. Bem, ela era minha sogra, mais velha que minha avó. Não poderia chamá-la de *mãe, mama* ou *mamãe*. Não parecia correto. Após o nascimento de nosso primeiro filho, minha mãe nos visitou por alguns dias e, então, a mãe de Gary chegou. Foi quando comecei a chamá-la de *vovó*.

Embora vovó tivesse tido sete filhos, meu marido era seu favorito. Todos os outros casaram, e parecia-me que ela adorava a "pequena Ann", a melhor de todas as noras. Ela falava constantemente sobre as habilidades culinárias de Ann, sua perfeição no cuidado de casa e em quão perfeita esposa e mãe era.

Independentemente do que eu fizesse, não conseguia equiparar-me a Ann. Aprendi a manter a casa arrumada e a preparar pratos razoavelmente saborosos, mas nunca recebi um elogio de vovó. Quando ela mencionou um perfume do qual gostava, fui à loja e comprei-lhe um. Mais tarde, descobri que ela nunca o abrira.

Quando reclamou que sua bolsa estava gasta, comprei-lhe uma nova. Dois anos depois, vovó me deu a bolsa, embrulhada em papel de presente, no Natal — um pouco usada. Quando as saias longas estavam na moda, vovó mencionou como gostava delas. Abri a máquina de costura e fiz uma saia sob medida. Ela usou duas vezes e trouxe de volta para mim. "Não gostei", disse, arrasando meu ânimo.

Quando vovó passou a precisar de cuidados em tempo integral, nenhum de seus meninos quis colocá-la numa casa de repouso, mas nenhum quis cuidar dela também. Como Gary era pastor e nosso apartamento de oitenta metros quadrados ficava na igreja, eu tinha a oportunidade perfeita para dizer "Esqueça". Em vez disso, peguei-me dizendo "Vamos dar um jeito".

Eu e Gary não imaginávamos quanto vovó ficaria assustada por estar no piso de baixo de uma nova casa enquanto dormíamos no andar de cima. Na primeira noite, percebi que ela estava com dificuldades para respirar, desci as escadas correndo e chamei uma ambulância. vovó ficou surpresa com o fato de que pude ouvi-la.

Por muitas noites depois dessa, sentei-me de um lado do sofá-cama onde vovó dormia enquanto ela se sentava ereta do outro lado. Aparentemente ela gostava do tempo que passávamos juntas, falando dos anos de sua infância e dos cachorros que seus filhos tiveram. Cansada, eu me pegava dizendo "ahã", em vez de realmente ouvi-la, mas ainda assim ela me agradecia por estar ali.

Uma vez que vovó montou sua casa em nossa sala de estar, todo membro da igreja que nos visitava conversava com ela. Ela sempre destacava uma linda toalha de mesa que havia bordado em 1938 e que usamos em nosso casamento. "Levei um ano para bordar isso; Kathy quer ficar com ela quando eu morrer, porque está nas fotos do seu casamento. Se ela for boa para mim, ficará com a toalha."

Alguns convidados achavam que vovó era uma graça. No entanto, as brincadeiras dela me magoavam muito.

Então, em nosso aniversário de 25 anos de casamento, vovó repetiu aquilo que dissera quando nos casamos: "Nunca pensei que vocês fossem ficar juntos tanto tempo".

Alguns dias depois, um dos irmãos mais velhos de Gary e sua esposa vieram visitar-nos, vindos de outro estado. Posteriormente, descobri que vovó lhes dera a toalha de mesa bordada, com instruções para que a enviassem a outro irmão.

Chorei copiosamente por horas, até que Gary me aninhou em seu ombro e disse:

— Afinal de contas, o que você iria fazer com a toalha? Você não pode levá-la para o céu, e tem buracos demais para ser usada.

— Simplesmente não entendo. Faço de tudo para que ela goste de mim.

— Não *faça*. Seja simplesmente você, pois ela precisa de alguém que se importe.

Superei meus sentimentos e fiz meu melhor para amá-la. Assisti ao programa Roda da Fortuna com ela, levei-a ao armarinho e a ajudei a comprar linhas e agulhas para que pudesse bordar mais um jogo de fronhas para seus meninos.

Vovó terminou aquelas fronhas numa sexta-feira. Na segunda-feira, Gary disse: "Mamãe não parece muito bem hoje. Dê uma olhada nela".

Levei-a ao médico. Ele lhe fez as perguntas normais e, então, quis saber sobre sua família e do que gostava de fazer. vovó respondeu a todas as perguntas com clareza.

De acordo com o que ouviu, o médico me disse: "Ela está muito bem para uma senhora de 93 anos. Diria que provavelmente teve um derrame leve. Ela está bem neste momento, mas o próximo pode ser perigoso".

Durante dois dias, ninguém conseguiu fazer vovó comer. Finalmente, na tarde de quinta-feira, gastei todo o dinheiro que tínhamos reservado para o mercado comprando coisas para preparar sua refeição favorita: ervilhas frescas, morangos frescos e frango frito com torradas e molho. A família inteira sentou-se em sua sala e ali permaneceu até ela terminar de comer. Vovó comeu quase tudo e, então, sorriu para mim e disse: "Obrigada. Esse foi o melhor jantar que você já preparou".

Vovó se achava muito engraçada e, por fim, terminei concordando.

Ela morreu na manhã seguinte.

No verão daquele ano, Gary e eu cruzamos vários estados para passar momentos com seus irmãos. Minhas cunhadas confessaram seu ciúme.

— Tudo o que ouvíamos era como você cozinhava, preparava pães e costurava, além de todos os presentes que você lhe comprava. Ela escreveu cartas contando sobre as noites em que você ficava acordada com ela e quando a levava às compras também. Vovó a elogiava o tempo todo.

— Vocês só podem estar brincando! — eu disse.

Naquela visita, descobri muitas coisas sobre a história da família e quão pouco eu conhecia minha sogra. Então senti muito pesar. Só passei a apreciá-la depois de sua partida.

Porque eu precisava de aceitação, dava presentes a minha sogra e fazia coisas para ela. Penso que, acima de tudo, ela queria alguém — eu, Gary, um dos netos ou qualquer outra pessoa — que pudesse passar tempo com ela.

Alguém pode dizer que aprendi a linguagem do amor de vovó tarde demais. Não que tivéssemos sido as melhores amigas, mas depois de sua partida percebi que o filho preferido de vovó, meu marido, precisava que eu desse livremente de meu tempo a ela. Vovó terminou ensinando-me uma lição de amor.

Gary, o marido de Katherine, disse-lhe algumas palavras sábias: "Em vez de tentar fazer algo, seja simplesmente você, pois ela precisa de alguém que se importe".

Vivemos num mundo concentrado no "fazer". Pensamos que, se nos esforçarmos o suficiente e se fizermos as coisas corretas, ganharemos o amor de alguém. Às vezes nos desgastamos tentando ganhar aprovação ou buscando provar que nos importamos. Estamos tão ocupados "fazendo" algo pelos outros que não temos tempo para simplesmente ficar ao lado de uma pessoa, conhecê-la como ser humano e desfrutar sua companhia.

É muito comum que as pessoas não queiram que fiquemos andando de um lado para o outro como abelhas ocupadas, tentando fazer algo por elas. Em vez disso, se essas pessoas pudessem mostrar sua vulnerabilidade e verbalizar seus sentimentos, elas admitiriam que seu desejo é que passássemos tempo com elas.

Nesta semana, vamos parar de "fazer" e nos concentrar em simplesmente "estar" com alguém que amamos.

O dia em que meu marido pediu a Deus que eu morresse

Laquita Havens

Eu não sabia quanto meu marido me amava até o dia em que ele orou a Deus pedindo que eu morresse.

Seu amor sempre esteve lá. Mas eu não sabia se realmente podia confiar nele. Afinal de contas, amei minha mãe e ela teve um histórico de fugas. Quanto eu tinha nove anos de idade, ela fugiu de casa um mês antes do Natal e só voltou vários meses depois. Ninguém sabia onde ela estava, nem mesmo se estava viva. Minha irmã mais nova comemorou seu primeiro aniversário sem a mãe. Não sabíamos se ela voltaria um dia.

Minha mãe casou-se quatro vezes. Papai casou-se cinco. Eu era a queridinha do papai, bem no meio de seus casamentos. Tudo isso me levou a ter pouca fé no casamento e, a propósito, em qualquer relacionamento duradouro.

Vivi a maior parte do tempo com minha mãe, até que ela me deixou um bilhete em que dizia "Adeus, feliz aniversário", duas semanas antes de eu completar quinze anos. Junto com a nota estava meu presente de aniversário: um conjunto de malas de viagem. Ela escreveu: "Saia de casa antes de eu voltar do trabalho".

Chorei por todo o caminho para a escola, num ônibus municipal. A escola era um lugar seguro para me esconder e fingir que aquilo não havia acontecido. Mas aconteceu, e eu não tinha para onde ir, de modo que liguei para minha amiga. A mãe dela permitiu que eu fosse morar com eles.

Casei-me com o primeiro homem que me pediu em casamento. Não sabia se o amava. Tudo o que eu queria num marido era alguém que me amasse. Bruce, meu marido, queria uma pessoa a quem amar, de modo que funcionou para nós.

Nosso casamento era deficiente. Ele sempre quis demonstrar seu amor. Oferecia beijos, e eu o empurrava para longe — especialmente em público. Eu não deixava que os vizinhos vissem nenhuma demonstração de afeto. Seria embaraçoso.

Eu era ocupada demais para os abraços ou as palavras doces de Bruce. Tentava ser uma supermãe e dava toda a atenção a meus filhos. Os aniversários e os natais sempre eram momentos especiais, planejados com meses de antecedência. Eu não tinha tempo para mimar meu marido. Imaginava que ele era um homem crescido e podia tomar conta de si mesmo. Afinal de contas, somos crianças por um curto período de tempo, e eu queria que meus filhos tivessem a melhor infância que *eu* lhes pudesse dar. Para fazer isso, meu marido precisava trabalhar longas horas, e eu nunca lhe dizia quanto admirava isso.

Eu estava ocupada trabalhando fora de casa e realizando muitos outros projetos quando me deparei com um enorme obstáculo: a dor física. Estava com artrite reumatoide. Rapidamente descobri que lidar com qualquer doença crônica é uma batalha. As pessoas de minha convivência começaram a contar suas histórias de horror. Alguém tinha um amigo que morrera dessa doença. Outro amigo me relatou quanto sua mãe e sua família sofreram. Minha melhor amiga pesquisou sobre artrite reumatoide e, com relutância, disse-me que não havia cura.

Essas conversas prosseguiram por meses. Ninguém me deu esperança. Nunca havia boas notícias.

Por causa da dor, eu não conseguia dormir. A mente lhe prega peças quando você fica sem dormir. Como se a dor já não fosse suficiente, a falta de sono dificultava ainda mais a reação à doença. Cada dia parecia durar uma eternidade.

Conforme a doença progredia, eu lamentava a impossibilidade de realizar tarefas diárias simples. Ações como amarrar os sapatos e escovar os dentes se transformaram em batalhas que eu às vezes não era capaz de vencer. Não conseguia erguer os braços. Quando tomava banho, apertava o frasco de xampu contra o beiral da janela com meu cotovelo e, então, não conseguia erguer os braços para lavar o cabelo. Certo dia, precisei andar pela vizinhança pedindo que alguém abrisse a porta da minha casa. Eu não tinha força para girar a maçaneta. Pegar o telefone exigia um esforço enorme.

Meu marido assumiu todas as tarefas de casa, até mesmo lavar as roupas. Descobri que eu não me importava mais com a quantidade de peças que ele colocava em cada lavagem, se colocava toalhas junto com blusas de lã e calças sociais. Quando você sente dor, esses detalhes repentinamente deixam de ser importantes.

Precisei aprender a abrir mão do controle e a livrar-me de meu desejo de ter tudo em perfeita ordem. Sempre achei que as crianças precisavam ser perfeitas para que o mundo inteiro soubesse que eu era uma boa mãe. A casa precisava estar perfeita caso alguém aparecesse. E, é claro, eu achava que essas coisas só aconteceriam se eu mesma as fizesse. Eu era assim — sempre tentando agradar os outros... exceto Bruce.

Fui gradualmente descobrindo um novo respeito por esse meu parceiro. Sabia que ele me amava, mas tinha medo de amá-lo e, acima de tudo, tinha medo de mostrar que o amava. Por alguma razão, eu temia que, ao demonstrar muito amor, ele não se esforçasse tanto para provar que me amava. Eu precisava saber que ele me amava porque achava que ninguém faria isso.

Anos antes, eu achava que, contanto houvesse comida sobre a mesa, as roupas do marido estivessem lavadas e a casa estivesse limpa, eu era uma boa esposa. Nunca achei que ele precisasse de tempo comigo. Então tudo mudou. Os filhos não precisavam mais de mim como antes e não tinham tempo para minha doença. Como eu poderia esperar que eles negligenciassem sua família para dar uma olhada em sua mãe? Eu lhes havia ensinado muito bem que os filhos vêm em primeiro lugar.

Eu estava errada.

Quando eram pequenos, meus filhos realmente precisavam de amor, atenção e carinho, mas essa também era a necessidade de meu marido.

Comecei a perceber quem estava ao meu lado: Deus e o marido que ele me dera.

Eu não queria ser dependente de Bruce. Não era justo. Nunca o apoiei emocionalmente como ele fizera comigo. Ele não precisava cuidar de mim, mas estava ali, ajudando-me de toda maneira que podia, além de continuar amando-me mesmo em meio a tanta dor.

Durante esse período extremamente difícil, Bruce mudou de emprego, de modo que era difícil para ele ausentar-se do trabalho. Ele precisou mudar para o turno da noite, o que me fazia contar as horas até que ele chegasse em casa.

Quando os filhos ainda estavam em casa, eu costumava pensar como seria ter a casa inteira para mim. Agora, havia descoberto que não era muito divertido. Bruce podia assistir ao que quisesse na televisão, mudando de canal conforme desejasse. Eu só queria tê-lo por perto.

À medida que comecei a olhar para meu marido com outros olhos, percebi que Bruce merecia alguém que pudesse servi-lo, alguém que o amasse da maneira que ele me amava.

"Ele é tão bom, gentil, amoroso e dócil. Tem todos os frutos do Espírito. Ele é maravilhoso", refletia. Então, percebi: "eu o amo."

Incrível. Depois de quase quarenta anos de casamento, apaixonei-me por meu marido.

Tudo foi diferente depois disso. Eu mal podia esperar que ele voltasse para casa. Dizia-lhe o tempo todo que o amava. Não era nada difícil fazer isso. Eu não ficava mais envergonhada quando ele me abraçava em público. Ansiava por seus beijos. Caminhávamos juntos pela vizinhança, de mãos dadas. Era bom sentir vontade de estar perto dele.

Era muito bom amar meu marido, ouvir sua voz, ver seu sorriso, sentir sua presença. Se eu não fosse aquele fardo, ele estaria muito melhor.

A dor era ruim, às vezes severa. Ver meu marido sofrer por causa dela era ainda pior. Foi então que ele orou para que eu morresse.

Eu estava na minha espreguiçadeira verde. Bruce me havia trazido o comprimido para a dor. Viu quando inclinei a cabeça e cobri meu rosto em sinal de derrota. Nem mesmo foi preciso tentar segurar o copo de água ou esticar a mão para pegar o comprimido.

Ele se ajoelhou, segurou minha mão e orou: "Pai, se é da tua vontade, leva Laquita para o teu lar para que ela não sofra mais".

Suas lágrimas pingaram no meu braço, ao mesmo tempo que eu percebia que seu corpo inteiro tremia.

"Ele não me ama", pensei, surpresa. Então, no fundo do coração, eu sabia que ele estava orando assim porque *de fato* me amava. Ele me amava o suficiente para devolver-me a Deus, se essa fosse a vontade dele.

Ele não queria que eu morresse porque minha doença era um fardo. Ele sofria porque eu estava sofrendo. Ele não queria que eu sofresse se Deus tinha um plano. Bruce fez tudo o que pôde — até mesmo a oração que ele não queria fazer.

Sei como foi duro para ele fazer aquela oração. Nunca me senti tão amada em toda a minha vida. Nunca amei meu marido tanto quanto amei então.

Deus disse não à oração de Bruce. Com o tempo, os médicos descobriram um medicamento que tem mantido minha dor sob controle. Voltei a fazer as coisas agora, servindo a meu marido e deixando que ele me sirva sem sentir-me culpada.

Apaixonar-me por meu marido mudou minha vida. Foi um presente que eu tinha medo de receber. Apaixonar-se é um risco que vale a pena correr. Não estou mais presa ao fardo do medo. Sou livre para amar.

Às vezes, tal como aconteceu com Laquita, é difícil acreditar que outra pessoa realmente se importa conosco. É difícil descansar na certeza de que esse amor é verdadeiro — especialmente se sentimos que não estamos retribuindo na mesma medida.

Quando não confiamos no amor que uma pessoa sente por nós, nossa tendência é não retribuir esse amor. Tendemos a reter, com medo de dar. É como ter uma linda piscina no quintal de casa, mas não aproveitá-la num dia quente de verão por medo de se afogar.

Embora nenhum de nós deseje enfrentar desafios, às vezes é preciso passar pelas chamas das provações para que possamos perceber que o amor de outra pessoa é tão puro, forte e confiável como o ouro.

Quando estamos dispostos a confiar no amor de outra pessoa, podemos assumir o risco de ser autênticos. Quando damos um passo e confiamos no outro, podemos nadar nas frias águas do amor, desfrutando seu refrigério e sua alegria pura.

Você tem apenas colocado os pés na beirada da piscina? Abra mão de algumas coisas e pule. A água está ótima!

A batalha da lava-louças

SUSAN STANLEY

ANTES DE NOS CASARMOS, eu e meu marido passamos por acon-selhamento pré-nupcial. Abordamos diversos assuntos que provocam discussões entre marido e mulher: dinheiro, família, crenças, objetivos, intimidade física etc. Mas nada naquelas seções de aconselhamento foi capaz de me preparar para a causa principal das nossas piores batalhas nos primeiros anos do casamento.

Brigávamos por causa da maneira de encher a máquina de lavar louças.

Meu marido foi criado ouvindo regras bem definidas sobre como a louça deveria ser colocada na máquina, e cada regra tinha uma razão prática subjacente. Plásticos nunca deveriam ser colocados no cesto inferior, caso contrário ficariam deformados. Garfos deveriam ser colocados apenas junto com outros garfos no cesto de talheres, facas com facas, colheres de chá com colheres de chá, e colheres de sopa com colheres de sopa. Se isso fosse feito, guardar a louça envolveria apenas apanhar um punhado de talheres e colocá-los na gaveta, sem a necessidade de separar os diversos utensílios.

Havia outras regras também, mas essas lhe darão a ideia geral.

Cresci ouvindo orientações básicas que se baseavam no bom senso (coloque facas e garfos com a ponta para baixo para não se espetar na hora de manipulá-los), mas diante de todas as regras pragmáticas de meu marido eu me rebelei. Por que eu tinha de fazer as coisas do jeito *dele*? Minha família conseguiu ter louças limpas por anos sem seguir todas aquelas regras!

Por mais triviais que fossem, eu burlava suas regras sempre que possível, simplesmente para fazer as coisas do meu jeito — e para irritá-lo, confesso, envergonhada. Eu colocava as louças na máquina do jeito que *eu* queria — afinal de contas, ele dizia que se sentira atraído por mim por causa da minha independência, não foi? Então, eu soltava fumaça pelas orelhas quando ele vinha por trás de mim e rearranjava os itens de acordo com suas preferências.

Como normalmente acontece no casamento, nossas brigas por causa da louça cresciam até chegar a questões mais importantes. Eu me enchia de justiça própria e declarava que nenhum de nossos futuros filhos deveria sentir que seu melhor não era suficiente. Como essa criança indefesa se sentiria se papai viesse por trás dela e "corrigisse" a maneira como ela colocava as louças na máquina?

Eu tinha certeza de que nossos filhos se sentiriam tolhidos e jamais teriam satisfação em qualquer coisa que fizessem. "Vivemos na era da graça, não debaixo da *lei*!", eu disse mais de uma vez, certa de que até mesmo a Bíblia concordava comigo.

Meu marido insistia em que as regras que ele seguia não eram arbitrárias; elas existiam por boas razões. Por acaso eu *queria* que os plásticos ficassem deformados? Eu rejeitaria uma boa ideia apenas por teimosia, ainda que ela fosse melhor? Ele achava que eu precisava trabalhar meu orgulho — especialmente se eu estivesse rejeitando a maneira *certa* de fazer as coisas!

Em algum momento do segundo ou terceiro ano de casamento concordamos que cada um deveria viver sua vida e deixar o outro em paz. Ele colocaria as louças na máquina da maneira que achasse melhor, e eu colocaria do meu jeito. Concordamos em não refazer ou "corrigir" o estilo de colocação de louças do outro e tentamos estender mais graça um ao outro — e ter mais humildade.

Foi difícil superar décadas de costumes. Percebi isso no dia em que ouvi uma conversa dele com uma de suas irmãs. Eles estavam ensinando um ao outro que, embora fosse difícil, não havia problema algum em colocar colheres de chá e de sopa na mesma divisão do cesto de talheres.

Precisaram convencer-se um ao outro até permitirem que uma regra fosse quebrada; aquilo ofendia suas inclinações naturais! Penso que, para ele, deixar de lado sua regra sobre como colocar as louças na máquina era como ouvir unhas arranhando uma lousa.

Tentei reconhecer que aquilo que eu considerava algo insignificante de fato exigia sacrifício de sua parte — e que ele optou por fazer esse sacrifício por amor a mim.

Agora, esforço-me para me conformar a seu nível de conforto sempre que possível, simplesmente como uma maneira de amá-lo. Não, não vejo necessidade de que todos os plásticos estejam no cesto de cima, mas será que me custa alguma coisa, além de orgulho, honrá-lo em uma coisa tão pequena? Ele pode gostar da minha independência, mas gosta ainda mais quando opto por deixar de lado meu jeito com o objetivo de mostrar-lhe amor, em vez de tentar provar que estou certa.

No início de nosso casamento decidimos que, fora nosso relacionamento individual com Deus, nenhum aspecto nosso, fossem hábitos, escolhas ou preferências pessoais, seria imutável. Não sei se tomamos essa decisão intencionalmente ou por pura graça, mas suspeito que passamos bem perto da graça.

Não quero colocar nenhum aspecto da minha vida acima do meu marido, dizendo que aquilo é mais importante que ele. Se uma escolha que faço me afasta de um casamento harmonioso, em vez de me aproximar de tal situação, preciso reconhecê-la e mudá-la. Estou aprendendo que o casamento tem mais que ver com rendição que com vitória.

Ainda temos nossos defeitos, e somos tão diferentes quanto sempre fomos! Ainda hoje me irrita o fato de ele não usar peças mais pesadas para apoiar outras mais leves, de modo que não virem e fiquem cheias de água no ciclo de enxágue.

Ele ainda fica frustrado com a maneira como coloco copos na lateral do cesto, e não na parte superior. Ainda é preciso ter uma boa dose de autocontrole para não "corrigirmos" a maneira como o outro coloca as louças na máquina, de modo que elas ficam do jeito que cada um quiser.

Tivemos uma interessante reprise de nossas batalhas de alguns anos atrás. Os parentes de meu marido estavam na cidade e ficaram na casa de meus pais. Num daqueles dias, eu e meu marido estávamos na sala de estar de meus pais. Da sala, ouvi as mesmas discussões que tivemos em nosso primeiro ano de casamento: meu pai havia colocado a louça na máquina, e minha sogra, ao colocar os pratos do café da manhã, veio por trás dele e recolocou toda a louça da maneira que ela "deveria" ser colocada. Ela explicou por que estava mudando as coisas de lugar.

Meu pai respondeu exatamente do jeito que eu fazia. A discussão terminou muito mais rapidamente, uma vez que eles não eram casados. Tentamos segurar o riso, entendendo melhor a razão de nossas brigas terem sido tão longas e inflamadas. Também ficamos muito felizes por termos alcançado um ponto no qual podíamos *rir* daquilo em vez de nos arrepiarmos!

Aprendemos que um relacionamento de todo o coração só pode acontecer quando cada um está disposto a optar primeiramente pelo amor. Isso não deve acontecer apenas nas grandes áreas, como trabalho, finanças, família e similares, mas também nas coisas aparentemente irrelevantes. Podemos fazer esta pergunta: *Estou disposto a colocar meu orgulho de lado em uma ocasião bastante específica e optar por oferecer amor e graça?* Optarei *pelo amor ou pelo orgulho durante os confrontos e discussões para saber quem está certo?*

Com relação às escolhas, com passos de bebê por dias, semanas e meses que gradualmente se transformaram em anos, estamos aprendendo a optar por *nós* em vez de por *mim* — até mesmo em coisas tão pequenas e insignificantes como colocar a louça na máquina de lavar.

Você já se viu numa acalorada discussão com um amigo ou uma pessoa amada sobre alguma coisa que, na verdade, é bastante estúpida? Em muitos momentos ficamos irritados por diferenças de opinião ou questões que de fato não são importantes. Mas como essas coisas crescem! Não demora muito e nossos relacionamentos estão sendo prejudicados por questões sobre como colocar o papel higiênico ou quem convidou quem para jantar da última vez.

Quando pequenos conflitos ameaçam esgarçar nosso relacionamento, uma pergunta a fazer é: Isso é realmente importante?

O assunto sobre o qual estamos discutindo é mais importante que o próprio relacionamento?

Se estivermos apegando-nos a nosso "direito" de estar certos, devemos simplesmente ceder. Se estivermos apegando-nos a um argumento baseado em orgulho, devemos ceder. Não perdemos quando consentimos graciosamente.

Quando surgem disputas dentro de um relacionamento, escolha suas batalhas com sabedoria. Empregue sua energia emocional apenas nas coisas que são realmente importantes. Você se surpreenderá com a constatação de que poucas coisas na vida são dignas de uma batalha.

O gatinho do tempo

Nancy J. Farrier

Eu olhava deslumbrada para a prateleira de vidro cheia de bugigangas. Na minha cidade pequena, a loja de presentes baratos era praticamente o único lugar onde uma jovem podia fazer compras. As moedas que eu havia poupado tilintavam na minha mão, envolvidas num lenço de pano.

"É isso!", pensei, quando meus olhos viram o presente perfeito para minha mãe. Eu já podia imaginar a alegria na sua face quando abrisse meu presente de aniversário. O entusiasmo tomou conta de mim enquanto eu apontava um pequeno gato de cerâmica para que o vendedor pudesse pegá-lo.

O vendedor me deu uma pequena estátua bege, e abri uma etiqueta impressa, presa ao pescoço do animal. Estava escrito: O gatinho do tempo. A superfície áspera do animal arranhava minha pele enquanto eu lia a maneira como a estatueta deveria refletir o tempo lá fora. Quando a previsão era de neve, o pelo do gatinho ficaria cinza. A chuva faria a cor mudar para azul e, com o sol brilhando, os pelos ficariam totalmente brancos.

Cada condição climática estava descrita, com a respectiva cor esperada, de modo que você saberia como se vestir antes de sair de casa. Sorri de prazer enquanto pagava meu presente ao senhor de cabelos grisalhos.

No dia do aniversário de minha mãe, eu mal conseguia ficar sentada enquanto esperava que ela abrisse meu pacote. Eu sabia que, quando mamãe estava junto à pia, lavando a louça ou preparando a comida, ela costumava olhar pela janela e fazer comentários sobre o clima, conjeturando o que iríamos encontrar ao sair de casa.

Mamãe gostava de ouvir o noticiário para saber o que o homem do tempo falaria sobre o dia seguinte. Eu tinha certeza de que ela ficaria animada com a ajuda daquele gatinho para saber o que iria acontecer. Não levei em conta o fato de que ela não gostava muito de gatos. Afinal, eu gostava por nós duas, e aquela pequena figura de olhos azuis certamente a encantaria.

Quando mamãe tirou o gatinho da caixa, inclinei-me para a frente, ansiosa por mostrar-lhe os vários benefícios que aquele presente lhe traria. Lemos a etiqueta juntas, e ela colocou o gatinho de cerâmica no beiral da janela, onde nós duas pudéssemos vê-lo todos os dias para verificar que cor a superfície áspera mostraria. Como era dezembro e vivíamos numa região de clima frio, sabia que veríamos muito mais cinza e azul do que branco.

Todos os dias, enquanto mamãe lavava a louça e eu ajudava, olhava secretamente para a pequena estátua. Houve chuva. Houve neve. Houve sol. Em todas essas situações, o gatinho permaneceu bege, do mesmo jeito que o vira pela primeira vez na loja de presentes. Ele se recusava a mudar de cor conforme prometido na etiqueta.

Mamãe deve ter notado meu desapontamento. Poupei minha mesada para comprar-lhe um presente de aniversário especial. Sentia que havia desperdiçado aquele dinheiro. O gatinho era bonito, mas não previa o tempo. Fiquei pensando se mamãe também se sentia desapontada comigo por ter-lhe dado um presente que não funcionava.

"Por que não o colocamos numa prateleira mais alta?", disse mamãe. "Talvez o peitoril da janela seja muito baixo para que ocorra a mudança. A esquadria pode estar bloqueando a luz."

Todos os dias minha mãe comentava sobre o pequeno gato. "Você não acha que há um pouco de azul nos pelos hoje?" ou "Hoje o cinza está mais escuro que ontem. Acho que precisamos preparar-nos para a neve."

Eu olhava para fora e via nuvens baixas e pesadas e constatava que até eu seria capaz de dizer que nevaria.

Os anos se passaram. Cresci, casei-me e saí de casa. Papai e mamãe se mudaram para outra casa. Quando visitei a casa nova, fiquei surpresa ao ver o pequeno gato do tempo numa prateleira próxima à janela da cozinha, ainda olhando para fora e esperando sol, neve ou chuva. Tocada pelo fato de minha mãe ter preservado um presente inútil, comecei a ponderar sobre as lições que ela me havia ensinado por meio daquela experiência.

Mamãe não amava aquele gato; ela amava a mim. Amava o fato de eu ter gastado minha pequena mesada para comprar-lhe algo que achava que ela apreciaria. Em vez de ficar chateada com um presente inútil, ela reconheceu a intenção de quem lhe dera o presente. Jamais esqueci aquela lição, embora tenha sido ensinada pelo exemplo, não por palavras.

Minha mãe também me ensinou a ter consideração pelos outros. Penso em todas as pessoas com quem ela convive. Ela se importa o suficiente para descobrir pequenos detalhes sobre elas, os quais ela transforma em pequenos gestos de amor que tanto significam. Muitas vezes ela leva um pedaço de torta a alguém numa casa de repouso porque se lembra que aquela é sua sobremesa preferida. Mamãe faz geleias em casa e lembra-se de quem gosta de cada sabor, de modo que possa dar-lhe um pote. Por causa de seu exemplo, aprendi a ouvir o que as pessoas dizem sobre si mesmas. Sei qual pessoa gosta de qual comida ou cor, e tento incorporar isso num presente que lhe dou.

Aprendi que o amor é uma questão de como você encara a vida. Quando eu olhava para aquela quinquilharia, enxergava fracasso e desapontamento. Quando minha mãe olhava para o mesmo presente, via sucesso, porque eu havia escolhido o gatinho especialmente para ela. De sua perspectiva, o fato de a estatueta não cumprir seu propósito não tinha nenhuma influência sobre seu valor. A única diferença entre minha mãe e "mim" era nosso olhar. Em vez de enxergar o negativo, ela via o positivo.

Mamãe mostrou-me que o amor não desiste. Enfrentamos dificuldades por muitos anos — momentos em que não a apoiei ou quando fiz coisas que a feriram. Contudo, mamãe não se desfez daquele gatinho. Ela o manteve num lugar de destaque, embora as lembranças que ele evocava possam ter provocado dor. Ela ainda esperava que nosso relacionamento se consertasse. Quando isso não acontecia, ela não ostentava sua habilidade de amar, mas continuava amando-me como sempre fizera.

Com o passar dos anos, eu mesma recebi minha cota de presentes que não cumpriam aquilo que prometiam ser. Tenho vários deles colocados em lugares de destaque. Sempre que olho para eles — especialmente para os presentes dos meus filhos —, penso na pessoa que o deu e como ela pensou em mim ao escolher aquele presente. Sempre me lembro de um gatinho colocado no peitoril de uma janela longe de mim e a lição final: o amor ensina a amar — e tenho de sorrir. De mãe para filha e para neta, um inútil gatinho do tempo tornou-se o presente mais precioso de todos.

Que maravilhosa lição para todos nós: amar é uma forma de enxergar. Às vezes as pessoas nos desapontam por meio daquilo que fazem ou dizem. Mas que grande lembrança é olhar além da aparência exterior e ver a intenção do coração! Quando nos concentramos no coração, não é difícil ignorar os erros e as falhas da outra pessoa. Como destacou Pedro,

um dos homens sábios da Bíblia, "o amor cobre multidão de pecados" (1Pe 4:8, RA).

Quando estivermos na posição de presenteadores que têm medo de desapontar alguém com quem nos importamos, não devemos subestimar o poder do amor. As pessoas que realmente se importam o fazem pela pessoa que somos, não por causa daquilo que podemos fazer, dar ou ser para elas. Pelo contrário, aqueles que nos amam nos veem com o coração... um coração que olha além da realidade e enxerga nossa motivação.

Diga adeus a sua amante

Jennifer Devlin

— Você sabe que a amo, certo? — ele disse, olhando de canto, enquanto voltava ao apartamento segurando um cesto cheio de roupas quentes e limpas. Um sorriso encheu seus lábios enquanto ele analisava minha expressão.
— Sério? Puxa!
Por dentro, eu estava pulando de alegria. Do lado de fora, porém, essas duas palavras simples tornaram-se minha resposta à declaração que eu estava esperando havia meses. Talvez eu estivesse surpresa diante da maneira nada encantadora como ele declarou seus sentimentos. Tenho certeza de que minha expressão foi cômica — perplexidade total sobre alívio completo.
Encontramo-nos meses antes, numa festa da empresa, poucos dias antes do Natal. Ele me convidou para sair. Cinema e jantar: seguro, previsível e surpreendentemente divertido. Marcamos uma hora para ele me pegar, e saímos juntos, um degrau acima de estranhos na escada do relacionamento.
Na noite seguinte, pisamos na neve recém-caída no estacionamento enquanto corríamos até a entrada do cinema. Quando nos sentamos, comendo pipoca e esperando o início dos anúncios, meu homem de poucas palavras pronunciou uma verdade que eu não compreenderia por vários anos: "O Exército é minha amante".

Sim, tudo bem, pensei. "Mas que comentário é esse? Por que ele me diria isso logo no primeiro encontro?"

Deixei para lá, mas teria sido melhor ter dado atenção à advertência.

Seu comportamento reservado e os gracejos educados eram encantadores, mas eu não esperava que isso se transformasse num relacionamento duradouro — a não ser que ele se abrisse um pouco mais. Minha aptidão para os relacionamentos era limitada àquilo que eu ouvira e vira. Ainda precisava aprender muito sobre o amor.

Meses depois desse primeiro encontro, quando ele pronunciou suas palavras de amor segurando um cesto de roupas, nosso caso de amor eterno finalmente começou. É claro que conhecemos melhor um ao outro e, sim, gostávamos de ficar juntos. No entanto, creio que o verdadeiro amor começa quando os desejos secretos de nosso coração transparecem em nossa vida. As palavras dele se conectaram à minha alma. Até aquele momento, eu retivera minhas emoções. Agora, meu coração se apressava a considerar a ideia de passar a vida dedicada a esse homem.

Nosso amor cresceu, embora o vulto daquela amante estivesse sempre espreitando através de ligações telefônicas e visitas noturnas. Ela (o Exército) estava sempre chamando. Uma reunião urgente aqui, uma viagem ali, e ele saía sem muitas explicações.

Inseguranças me assolavam quando eu tentava entender o que ele estava pensando ou quanto ele estava pronto para compartilhar sua vida comigo. Eu não estava certa se queria dividir a atenção dele com mais alguém — especialmente com aquilo que eu considerava um trabalho, em vez de uma *aventura*, que é o modo como os comerciais de televisão apresentam o Exército.

Continuamos a sair. Visitamos os pontos turísticos locais e conversamos sobre nossos interesses e aspectos gerais de nossa vida. Lá no fundo, eu analisava muitas preocupações ocultas. "Sou capaz de amar alguém que parece manter uma parede emocional entre nós? Será que um dia ele vai expressar abertamente o que sente? É possível construir um relacionamento com alguém tão diferente de mim? Terei paciência suficiente com as longas horas de trabalho e as separações frequentes?"

No dia de nosso casamento, eu o vi ali em pé, com sua farda azul, e a realidade da vida militar se abateu sobre mim. Era verdade. O Exército era o foco constante de uma mente comprometida com a proteção de nossa liberdade. Qualquer coisa, até mesmo a família, teria de ficar em segundo lugar.

O amor que compartilhávamos chegava apenas ao segundo lugar de sua lista das dez coisas mais importantes na vida. Precisei aprender a dividir seu amor com o dever, o país e a liberdade. Nada impediria que eu me apaixonasse por esse homem, e meu senso de patriotismo cresceu conforme descobri o que o compelia a servir e conheci a experiência de vida daqueles que defendiam nosso país.

Embora não pudesse mudar uma vírgula de seu compromisso com o país, precisei mudar minhas expectativas. Vi-me diante do desafio de precisar amadurecer em relação ao modo como eu lidava com os relacionamentos.

Nos treze anos seguintes de serviço militar ativo, nosso amor foi atingido pelas tempestades das horas extras no escritório, do envio de tropas, dos exercícios de treinamento e do apoio à comunidade. Aprendi a amar mesmo nos momentos em que ele estava do outro lado do mundo, ou quando seu jantar esfriava enquanto eu o esperava voltar para casa. Equilibrei os papéis de pai, mãe, enfermeira quando nosso filho ficou doente e parceira de brincadeiras enquanto papai servia a nosso país.

Experimentamos momentos longe um do outro, com conversas limitadas, antes da era da internet e do celular. Eu estava aprendendo de muitas maneiras a amar além das barreiras de comunicação! Durante alguns anos, esses desafios da vida geraram tamanho sentimento de distância em nosso lar que imagino que ambos tenhamos orado para encontrar forças a fim de construir novamente a intimidade em nosso casamento. No meio do envio de tropas e de uma agenda frenética, homens introvertidos como o meu tendem a reservar pouco tempo para reforçar o *front* do lar por meio de palavras.

Conseguimos prosseguir em nosso relacionamento com a compreensão de que amávamos e éramos amados — independentemente de quais fossem as circunstâncias e provações enfrentadas. Eu sobreviveria a cada momento de insegurança e dúvida se reconhecesse que o amor de meu marido não estava limitado a sua capacidade de expressá-lo verbalmente. Para mim, era suficiente aprender a amar um homem de poucas palavras.

O que fez que meu amor continuasse forte? Meu coração suportou tudo por causa daquela simples declaração feita numa tarde. Por diversos dias, a imagem de meu parceiro segurando um cesto numa mão e meu coração em outra me lembrou de que tínhamos uma fagulha que se transformara numa chama. Por trás de nossa rotina diária havia um amor que sobreviveria a qualquer silêncio ou separação.

Nosso relacionamento fora construído sobre confiança, amor e, sim, poucas palavras. Com o passar do tempo, aprendi a amar além de visões e sons.

As expressões de amor de meu marido são vistas de diferentes maneiras: por meio de integridade, honestidade, serviço e apoio. Quanto mais entendo como ele demonstra devoção, mais sou capaz de descansar na tranquilidade de saber que sou amada.

Depois de vinte e quatro anos, ele disse adeus à sua amante. Aposentou-se e, num piscar de olhos, nossa família subiu para o topo da lista. Finalmente recebemos a permissão de ser o foco principal de sua vida, o alvo primário de amor e importância. Após anos imaginando como sobreviver na condição de amor compartilhado na vida de um homem maravilhoso, fui abençoada com a constatação de que nada poderia prender mais o interesse de meu marido do que sua família.

Nosso amor continua fortalecendo-se. Eu não mudaria nada. Não desprezaria um segundo da vida militar. Não desejaria compartilhar minha vida com nenhuma outra pessoa.

Mas aqueles anos difíceis deram-me um vislumbre de como é amar alguém que enxerga os relacionamentos de modo muito diferente do que eu já havia experimentado. Afinal de contas, um homem de poucas palavras é um desafio complexo para qualquer mulher que demonstra claramente seus sentimentos. Mas sabe de uma coisa? Tudo bem. Sei que ele me ama.

Em um mundo inseguro, é comum querermos receber "provas" ou a confirmação de que alguém com quem nos importamos retribuirá nossos sentimentos de afeição. Nossa imaginação interpreta silêncio, distração e preocupação como sinais de que o amor está diminuindo.

Essa é uma das razões pelas quais é tão importante entender a linguagem do amor da pessoa com quem nos importamos. Algumas pessoas mostram sua afeição de maneira diferente da nossa. E existe grande possibilidade de que, se tivermos amizade ou relacionamento amoroso com um "tipo forte e silencioso", talvez não ouçamos nem vejamos demonstrações frequentes e claras de afeição.

Precisamos simplesmente confiar que alguém que diz que nos ama realmente sente isso, embora não reafirme constantemente esse compromisso. Em vez de presumir o pior, precisamos esperar o melhor. Tal como Jennifer, precisamos aprender que o amor maduro e estável é mais profundo que palavras emocionais e demonstrações de carinho. Palavras e gestos são bons, seguros, mas nem todo mundo expressa amor dessa maneira. A chave é transformar nossas expectativas em algo que esteja razoavelmente adequado à personalidade da pessoa a quem amamos.

Um acordo meio a meio

Sandy Cathcart

Enquanto olhava para meu marido, repentinamente percebi que era o fim: nosso casamento tinha alcançado o fundo do poço.

O fundo do poço chegou quando o mais velho de nossos quatro filhos era adolescente. Havíamos perdido recentemente nossa casa num incêndio e, sem seguro, vimo-nos transplantados de nossa casa dos sonhos na floresta para uma casa apertada com dois quartos no centro da cidade. Essa crise em si já era suficiente para destruir um casamento, mas a adaptação de sair do campo e morar na cidade quase acabou conosco.

Quando abri a porta da frente para chamar as quatro crianças para o almoço, o eco ressoou por vários quarteirões. Rapidamente descobri que não é preciso usar tanto volume de voz para gritar numa rua da cidade como costumava usar numa área de milhares de metros quadrados.

As crianças tinham seus próprios problemas. Vindas do interior, eram chamadas de *matutos* e *caipiras*. A cada dia, nosso filho mais velho voltava para casa por um caminho diferente para evitar brigas. Nosso filho mais novo lidou com as mudanças tornando-se um chorão.

Se tudo isso não fosse o suficiente, Cat, meu marido, enfrentava os maiores ajustes. A empresa na qual trabalhava faliu. Ele se viu de uma hora para outra numa fila de desempregados, enfrentando rejeição dia após dia.

Se eu tivesse sido sábia, teria ajudado meu marido a suportar aquela rejeição, mas, em vez disso, piorei as coisas.

Achava que Cat não estava próximo o suficiente das crianças. Ele não entendia seus problemas. Nem entendia os meus. Como eu alimentaria uma família de sete pessoas com tão pouco dinheiro? Não tínhamos um momento a sós. Os meninos usavam um quarto, as meninas outro, enquanto eu e Cat dormíamos numa cama de armar na sala. Desse modo, qualquer discussão — e havia muitas — envolvia a família inteira.

Nesse dia particular, o dia do fundo do poço, apelei às lágrimas enquanto meu marido se colocava diante de mim e compartilhava sua visão de que os meninos precisariam lutar suas próprias batalhas. A opinião de Cat foi proferida depois que me coloquei entre meu filho mais velho e um encrenqueiro da vizinhança. "Você precisa ficar fora disso", Cat avisou.

Olhei para ele, pronta para defender minha posição. Em vez disso, prendi a respiração ao ver ira em seus olhos. Para onde fora o amor? O interesse? O que acontecera com o romance?

Algumas pessoas relatam que, no momento em que enfrentam a morte, a vida passa diante delas como se fosse um filme. Foi isso que me aconteceu no momento em que eu enfrentava a morte de nosso amor. Os meses do namoro de tempos atrás passaram na minha mente como um jornal televisivo. Em que momento Cat deixou de me trazer flores? Qual foi a última vez que ele me convidou para sair? Qual foi a última vez que ele me convidou para ir *a qualquer lugar*?

De repente, senti que precisava sair. Corri pela porta e pulei no carro, cantando pneus pela rua. Mal conseguia enxergar por causa das lágrimas. Sem um plano, segui adiante. A quem eu poderia recorrer? Quem me entenderia? Cat era meu melhor amigo. Se eu não podia procurá-lo...

Foi nesse momento que percebi que não poderia viver sem Cat e não podia viver com ele. "Ai, ai, ai!"

Terminei numa estrada de terra, olhando a natureza e o belo rio Rogue. Pensei em me jogar nas águas revoltas da barragem Gold Ray, mas não tive coragem. Determinada a não deixar que o medo me impedisse de novo, dirigi até um pouco mais abaixo do rio, depois da barragem, e bati o carro, fazendo-o parar.

Pulei do carro e comecei a vagar pela água. O rio Rogue era famoso por levar as pessoas. Muitas pessoas morriam ali todos os anos. Imaginei que bastaria entrar na água para que o rio me levasse, mas aquele não era o meu dia. Caminhei pelo leito, dei a volta e retornei.

Creio que aquela era a única parte lenta e ampla o suficiente para que se pudesse fazer isso. Ou talvez tenha sido Deus realizando um milagre como o que fizera no mar Vermelho, no Antigo Testamento. Voltei para o carro, molhada e tremendo de frio, mas ainda muito viva. Tal como outras pessoas salvas das garras da morte, sentei-me ali e gritei, implorando que Deus me ajudasse.

Não ouvi uma voz audível do céu, mas lentamente me conscientizei de que tinha muitas coisas pelas quais agradecer. Tinha um marido que me tratava com bondade na maior parte do tempo. Ele era digno de confiança e fiel, diligente no sustento de nossa família e um líder forte. Talvez expectativas irreais estivessem escondendo a verdade de mim.

Voltei para casa. Cat estava na garagem e não me viu colocar roupas secas. Eu nunca disse uma palavra sobre onde havia estado.

Meu maior desafio estava diante de mim. Pela primeira vez em nosso casamento, eu me havia afastado de meu marido. Ele estava ferido e mostrou isso tornando-se uma parede de pedra. Meu primeiro impulso foi fugir, com a cabeça de volta ao rio. Em vez disso, tentei tocar Cat, mas nada amoleceu. Seus músculos estavam retesados e tensos.

Era como se eu tivesse perdido tudo, mas, na verdade, ainda restava alguma coisa a dar e, assim, dei: preparei uma refeição simples para minha família.

Eu certamente me sentia um burro de carga. Ficava pensando se preparar refeições e limpar a casa era tudo o que meu marido queria de mim. Se era, então ele poderia contratar uma faxineira e uma cozinheira, e tudo ficaria bem.

Normalmente eu permitiria que esses pensamentos continuassem, mas dessa vez decidi interrompê-los. Enquanto servia purê de batatas, substituí meus pensamentos negativos por pensamentos bons. Não era simplesmente um jogo de Poliana. Eram pensamentos verdadeiros. Meu marido era bom. Era trabalhador. Houve um tempo, embora parecesse muito distante, em que ele gostava de rir e se divertir. Ele ensinou os meninos a pescar e a andar de bicicleta. Dizia "eu te amo" com frequência. Só isso já era um tesouro pelo qual a maioria das mulheres pagaria em dinheiro. Ele roncava...

Deixei o garfo cair e ri.

Toda a família parou de comer e olhou para mim. Eu só balançava a cabeça. JayJay, nosso filho mais velho, relaxou e começou a contar uma piada.

Gostaria de poder contar minha piada, mas achava que a família não entenderia. Meu marido roncava à noite. Que graça havia nisso? A maioria das mulheres compraria protetores de ouvido ou algo semelhante, mas eu dormia melhor quando os roncos de Cat preenchiam o silêncio. Isso certamente era prova de nosso amor duradouro.

Estendi o braço e toquei a mão de meu marido. Dessa vez, os dedos de Cat envolveram os meus e vi em seus olhos o amor que estava lá havia tanto tempo. Também enxerguei a ferida que entendi erradamente como sendo ódio. Teriam minhas próprias expectativas de ver minhas necessidades atendidas impedido que eu percebesse a verdade?

Dê mais e pegue menos. Espere menos.

A percepção que tive no rio quanto a ajustar minhas expectativas voltou a minha mente e está comigo até hoje. Tal como a resposta a uma oração feita na trincheira, assim foi a resposta de Deus para mim. Esse *insight* atinge não apenas o relacionamento que tenho com meu marido, mas também outros relacionamentos. Ganhei amizades que eu teria medo de iniciar, amizades das quais recebo pouco no sentido de alguém ligar ou pensar em mim, mas que acrescentaram profundidade e significado a minha vida. Algumas pessoas talvez nunca se abram por medo da rejeição, mas essas mesmas pessoas aceitam o amor com prazer e encanto.

Ao esperar menos, sou mais agradecida. Ao dar mais, recebo mais.

Descobri o romance — aquele que inspira histórias e contos de fadas — e o encontrei em meu próprio casamento. Cat é meu cavaleiro numa armadura brilhante, e serei para sempre sua linda princesa, não importa o que o tempo e a idade façam com nosso corpo. As discussões são mais breves do que costumavam ser e surgem com menos frequência. Raramente reclamo do acento do banheiro levantado ou da peça de compensado que cobre o piso estragado no chão da cozinha. Assentos sanitários e pisos de cozinha vêm e vão, mas relacionamentos duram para sempre.

Arrependo-me das palavras ditas com precipitação — dor desnecessariamente provocada quando reagi por estar ferida. Às vezes é difícil abandonar minhas expectativas quando fico sentada à beira da cama desejando que meu marido se aproxime de mim. No entanto, jamais me arrependi por deixar de lado essas expectativas e dar mais de mim mesma ao estender a mão, tendo como motivação o amor.

Sempre ouvi dizer que o casamento é um acordo meio a meio: um parceiro dá 50% e o outro completa com sua parte. Contudo, depois de quase quarenta anos de casamento com um homem do qual não me canso, com um homem que amo mais a cada dia, posso dizer com profunda certeza que o casamento não é um acordo meio a meio. Ele exige 100% de dedicação de ambos os parceiros.

Esse compromisso de 100% tem-me trazido alegria maior e mais duradoura que qualquer acordo meio a meio poderia oferecer.

Uma das maiores falácias sobre relacionamentos bem-sucedidos é que eles são acordos meio a meio. Como Sandy descobriu, cada pessoa precisa dar 100% de si para que o casamento seja perfeito. Contudo, para que possamos encontrar paz e satisfação, precisamos dar esses 100% não importa se a outra pessoa esteja dando 100% ou apenas um décimo disso. Quando nos concentramos naquilo em que erramos e trabalhamos essa questão, é comum ver aumentar a porcentagem da outra pessoa.

É uma dessas dicotomias da vida: quanto mais damos de nós mesmos, mais recebemos. Quanto menos esperamos dos outros, mais conseguimos.

Às vezes isso não parece justo, e certamente parece não fazer sentido. Mas é uma das chaves para um relacionamento vivo e crescente. Esse é um dos maiores segredos para fazer funcionar uma amizade ou uma história de amor com nosso cônjuge.

Na riqueza e na pobreza

CHRIS WRIGHT

OS VOTOS DO CASAMENTO FORAM FÁCEIS: "Prometo amar-te e respeitar-te, na alegria e na tristeza, na riqueza e na pobreza, na saúde e na doença, todos os dias da nossa vida".

Na alegria e na tristeza? Sem problemas. Amávamos um ao outro, e a vida só melhoraria depois que nos casássemos.

Na riqueza e na pobreza? Bem, já tínhamos ideia de que seríamos pobres por muitos anos. Estávamos comprando uma casa e, para ser honesto, não tínhamos condições de fazê-lo.

Mas *na saúde e na doença?* Quando você tem vinte e poucos anos, doença nada mais é que um resfriado ocasional ou uma dor de estômago. Podíamos lidar com qualquer um dos dois. Afinal, enfrentamos isso desde que nascemos.

Então, de repente, depois de 37 anos de um casamento cheio de amor e respeito, Liz recebeu o diagnóstico de que estava com o mal de Alzheimer. *Isso sim* é doença.

Eu não deixaria Liz numa clínica de jeito nenhum. Daria conta de tudo. E por três anos *realmente* dei conta. No início, foi relativamente fácil. O remédio funcionava, e a memória de Liz atingiu um ponto no qual ela acreditava estar melhor. Mas, é claro, nada na vida é assim tão fácil.

Em agosto, sua memória piorou de novo, e ela começou a ter problemas de comportamento. Nada preocupante: prometemos que ajudaríamos um ao outro na saúde e na doença. Eu cumpriria o prometido até o fim.

As mudanças eram lentas, mas constantes. Era como ver o mato crescer no quintal. As coisas acontecem tão devagar que você dificilmente percebe — até que volta de um longo período de férias. É então que nota quanto as plantas mudaram.

Mas não tive essas férias, de modo que praticamente não notei quanto a condição de Liz estava piorando.

Amigos da igreja colaboravam. Foram fantásticos. Um grande amigo chamou minha atenção dizendo que eu precisava cuidar de mim, mas eu me sentia bem — tirando as dores no peito e no estômago, que nada mais eram senão uma indigestão provocada por um pouco de estresse. Nada que um antiácido não resolvesse.

O serviço de saúde local enviou uma auxiliar para que eu descansasse por um dia. Da perspectiva de Liz, a auxiliar não era bem-vinda. O mesmo aconteceu com a outra e a seguinte. Liz achava que elas se haviam mudado para nossa casa e tinha medo de ir para a cama à noite se elas estivessem no quarto conosco. Eu não podia sair e deixar Liz com uma das auxiliares porque ela ficava muito agitada, de modo que o estresse perdurou. O mesmo aconteceu com nosso amor. De fato, olhando para trás, posso ver que nosso amor de fato se fortaleceu.

Quanto mais a condição de Liz se agravava, mais o meu amor por ela crescia. Sempre fomos um casal bastante amoroso, mas este parecia ser um amor muito especial, e ela conseguia retribuí-lo por meio de abraços e beijos. Só que esse amor não resolveu as dores de estômago.

Numa manhã de março, levantei com uma dor muito forte no peito. Não poderia ser o coração, pensei, e, de qualquer modo, eu não sentia dor no braço esquerdo. Além do mais, precisava cuidar de Liz.

Liz conseguiu trazer-me um antiácido e parecia que havia resolvido o problema. A dor não voltou e, quatro dias depois, senti coragem suficiente para procurar na internet quais eram os sintomas de um ataque cardíaco.

Pareceu-me que um ataque do coração podia começar com dores estomacais. Bom, talvez, mas eu certamente não tivera um ataque cardíaco. Estava certo disso.

Bem, não tão certo assim. Na manhã de segunda-feira, fui ao médico fazer um *check-up*, apenas por precaução. Ele me transferiu imediatamente para o hospital a fim de fazer exames, também apenas por precaução.

Liz precisou ir comigo ao médico. Não consegui encontrar ninguém para cuidar dela até a tarde, de modo que ela ficou sentada ao meu lado, saindo para caminhar de vez em quando para não se aborrecer.

A equipe do hospital sabia que ela tinha Alzheimer, mas eu era o paciente, e eles não poderiam se responsabilizar por ela. Assim, toda vez que ela sumia de vista, eu precisava levantar para trazê-la de volta. Eu ainda não estava ligado a nenhum aparelho, de modo que era fácil fazer isso.

Felizmente, minha filha conseguiu sair do trabalho e levar Liz para casa antes do almoço. Uma amiga da igreja que havia atuado como enfermeira cuidou de Liz na parte da tarde. Mas então fui ligado a aparelhos, colocaram-me no soro e fizeram exames de sangue. Sim, eu havia sofrido um infarto.

"Poderei ir para casa hoje?", perguntei inocentemente. "Minha esposa precisa de mim."

A família trouxe Liz ao hospital para me ver no dia seguinte. As coisas iam bem em casa, ou pelo menos foi isso que me disseram. Provavelmente não queriam aumentar meu estresse.

Os exames mostraram que eu tinha duas artérias bloqueadas, as quais provavelmente poderiam ser reparadas com *stents*.

Eu precisaria ficar no hospital, talvez por semanas. Sabia que Liz não entenderia o que estava acontecendo, mesmo que alguém da família lhe explicasse.

O domingo seguinte era o da Páscoa — a primeira em que não iríamos à igreja juntos. Fui levado à capela do hospital numa cadeira de rodas e, depois do culto, o capelão perguntou o que estava acontecendo.

Comecei contando sobre Liz, e as lágrimas rolaram. Não consegui falar. Tenho certeza de que os demais presentes acharam que eu estava chorando por ter recebido algum diagnóstico devastador. Eu não me importava com o que eles estavam pensando. Minhas lágrimas eram por Liz.

Depois de dez dias, a família não conseguiu mais lidar com a situação. Liz precisava ser internada temporariamente em uma clínica. Ela foi ao hospital várias vezes visitar-me e sabia que eu não estava mais em casa. Nosso filho mais velho teve coragem de levá-la a uma clínica especializada, e estou certo de que houve lágrimas ali também.

O trauma de ir para uma clínica não foi tão devastador para Liz como eu temia. Ela se acostumou em cerca de dois dias. Telefonei para ela algumas vezes e disse que a veria em breve.

Cerca de quatro semanas se passaram até que pude sair do hospital, o que se mostrou ser uma grande bênção. Liz parecia aceitar o fato de estarmos separados, e a família conseguia visitá-la sem que ela chorasse quando partiam. A avaliação que os especialistas fizeram da situação de Liz era de que ela necessitava de cuidados em tempo integral. Assim, era preciso encontrar uma clínica permanente para ela.

O serviço de saúde deu-me uma lista de clínicas autorizadas, e rapidamente encontrei uma que parecia boa. Levei algumas de suas fotos e de seus enfeites favoritos para decorar seu quarto na nova casa e estava lá quando ela chegou.

Sim, houve lágrimas, mas também houve abraços e beijos. Liz nunca pediu para voltar para casa. Um dia, ela me perguntou se tínhamos um lar em algum lugar, e eu disse: "Não, no momento não".

Não tínhamos um lar. Eu vivia na casa que um dia fora nosso lar, determinado a ter a melhor vida possível de agora em diante.

Depois que Liz se acomodou na clínica, eu a levava à igreja local todo domingo. Não queria ir à igreja onde nos havíamos conhecido e onde congregávamos desde então. Queria que Liz pensasse estar vivendo uma nova vida, sem nenhuma lembrança do passado.

À medida que a condição de Liz piorava, foi preciso transferi-la de novo, dessa vez para uma clínica com mais segurança. As fotos e os enfeites estavam lá quando ela chegou. Eu também. Mais uma vez, ela se acostumou rapidamente e continuava internada.

Na saúde e na doença? Talvez lá no fundo, durante todos aqueles anos, eu tenha pensado que algum de nós poderia ter uma doença séria no final da vida. Mas isso parecia um futuro muito distante. Fico feliz com a perspectiva de uma saúde debilitada por longo prazo nunca ter preocupado nenhum de nós, porque, quando aconteceu, tivemos força para lidar com ela.

Na riqueza e na pobreza? Finalmente terminamos de pagar a casa, e as coisas ficaram mais fáceis no aspecto financeiro para a família. Mas riqueza? Esqueça o dinheiro. O certo é que riqueza é a capacidade extra que nós dois descobrimos ter para o amor. O amor sempre esteve presente, mas, no tempo de sofrimento, tornou-se maior e até ganhou mais importância.

Lembro-me de nosso casamento, na pequena igreja do interior, no vilarejo onde Liz foi criada. Nós dois dissemos "sim".

Sabendo o que sei hoje, será que eu diria sim de novo? Sim, diria, sem dúvida alguma. Nós dois somos mais ricos por termos dito "sim".

Um sábio mentor disse certa vez: "Gostaríamos muito de conhecer antecipadamente os planos de Deus para nossa vida. Mas devemos agradecer pelo fato de Deus não nos apresentar o curso de toda a nossa vida — se o fizesse, provavelmente fugiríamos com medo".

Do mesmo modo, provavelmente é bom que, ao começar um relacionamento, nunca saibamos aonde ele vai chegar. Se soubéssemos que nosso relacionamento seria como o de Chris, que enfrentaríamos dor e desafios, provavelmente hesitaríamos! E, ao fazê-lo, provavelmente perderíamos algumas das maiores alegrias de nossa vida.

Embora não haja garantia de que um relacionamento esteja livre de dores futuras, como Chris descobriu, o amor ainda vale a pena.

Como o amor suporta as tempestades da vida? Um fundamento firme é muito útil. Uma das chaves é criar força e nutrir o amor durante os dias quentes e ensolarados da camaradagem... concentrar-se na proximidade e aprofundá-la dia após dia. Então, quando as tempestades surgirem, podemos sobreviver a elas porque nosso relacionamento já está firmemente enraizado em solo profundo.

Reserve hoje um momento para nutrir seus relacionamentos.

O preço vale a pena

Jacquelyn Sandifer Strange

O casamento foi desastroso. O divórcio foi terrível. A batalha pela guarda da filha foi devastadora — pode haver amor no meio dessa calamidade?

Casei pelas razões erradas. Ele tinha 1,90 metro de altura, olhos da cor do céu e o corpo de um deus grego.

Vinte e cinco anos e três filhos depois, afastei-me de um homem abusivo que prontamente pediu a guarda de nossa filha de dez anos. Eu não sabia na época, mas o juiz era amigo da nova esposa de meu ex-marido e, sem nenhuma investigação, concedeu-lhe a guarda. Ele escondeu as cartas que enviei a ela, mudou-se de casa, tirou seu número de telefone da lista e colocou-a numa escola particular na qual eu não podia vê-la.

Certa vez, deixou minha filha e sua meia-irmã sozinhas por três dias, sem a supervisão de um adulto. Na mesma noite em que meu ex-marido e sua esposa voltaram, um intruso tentou estuprá-la. Situações como essa me deixavam angustiada, pois eu sabia que minha filha não estava segura.

Gastei mais de dois anos e milhares de dólares lutando por ela. Estava cheia de raiva e ódio por aquele homem. Orei para que ele morresse — de maneira lenta e dolorosa. Quando soube que sua quarta esposa estava divorciando-se dele, mais uma vez lutei por minha filha. Eu e meu ex-marido fomos investigados. Recebi uma boa avaliação; ele foi diagnosticado como sociopata.

A guarda me foi concedida imediatamente. Mas como eu deveria lidar com aquilo? Deveria negar-lhe as visitas? Esconder minha filha em outro estado? Contratar um assassino de aluguel? (Não, estou brincando. Mas tive vontade de fazer isso!)

O bom senso me disse que meu ódio daria a ele o controle do restante da minha vida. Desse modo, optei por agir de acordo com minha força de vontade, e não seguindo minhas emoções. Ainda profundamente ressentida com ele, dei-lhe o endereço e o telefone de minha filha, assim como o nome da escola onde ela estudaria. Quando ele veio visitar-me, convidei-o para jantar conosco. Em alguns momentos pensei em colocar arsênico em seu café. Jamais imaginei que poderia ter sentimentos carinhosos para com aquele homem. Além do mais, eu não queria sentir amor por ele. Ele não merecia.

Então, recebi o diagnóstico de um tumor no cérebro e de que meu tempo de vida não era longo. Quando me recuperei, percebi pela primeira vez que todos nós temos um encontro marcado com a morte, que pode acontecer a qualquer momento. Por acaso eu queria morrer odiando o pai da minha filha?

Mais uma vez fiz uma escolha. Embora meus sentimentos em relação a ele fossem hostis, optei por tratá-lo como um parente querido.

Quando minha filha se formou, convidamos seu pai para as festividades. Quando ela foi escolhida a Rainha da Laranja de Louisiana, insistimos em que ela o convidasse para ser seu acompanhante em todas as atividades. Permitimos que ela viajasse para vê-lo sempre que quisesse. Por fim, minha família começou a ficar mais à vontade, e ele passou a ser um pouco mais amistoso. Ainda tínhamos medo dele, sem jamais saber quando poderia tornar-se ameaçador, mas agíamos de maneira educada.

Creio que a seriedade de minha doença ajudou-o a perceber que a vida é frágil e que era preciso consertar alguns erros do passado. Enquanto isso, concentrei-me em mostrar-lhe bondade, embora eu ainda tenha dificuldades com os fantasmas da vingança e da ira. "Isso não é justo", eu pensava, e minha tendência era dar ouvidos à lamentosa voz da autocomiseração. "Por que eu?"

Ele não havia impedido que eu praticasse meus *hobbies*? Não fora infiel além da conta? Não se divorciara de sua quarta mulher? Por que eu deveria sentir compaixão? Eu não lhe dera os melhores 25 anos de minha vida, o perdoara e tentara salvar nosso casamento? Será que isso não tinha sido suficiente?

É claro que não, pois, quando eu enchia minha mente de pensamentos negativos, perdia meu senso de bem-estar. Assim, mais uma vez, optei por realizar um ato de bondade.

Quando nossa filha mais velha se casou, eu e ela cantamos "Edelweiss", a música favorita dos pais dele, já falecidos, de origem alemã. Creio ter visto uma lágrima correndo de seu olho quando notamos a ausência dos pais dele no casamento da neta favorita.

Eu sabia que ele cometera muitos atos perversos e que sua saúde se deteriorava rapidamente. Esperava que ele acertasse as coisas com seu irmão, seus filhos, outros parentes e amigos antes que fosse tarde demais.

No Natal anterior à sua morte, ele me chamou de lado e perguntou se eu conhecia um evangelista da televisão que perdera a maior parte de seu ministério depois de ter cometido adultério.

— Você não acha que o evangelista deveria ser perdoado? — perguntou.

— É claro — respondi, tremendo como era de costume quando precisava confrontá-lo.

— Você não acha que ele é um velho solitário com quem ninguém se importa? Ele sabe que arruinou muitas vidas. Talvez, se ele pudesse viver a vida novamente, faria tudo diferente.

Concordei que isso era uma possibilidade. Levei um tempo até perceber que, de maneira tortuosa, ele estava buscando meu perdão.

Conversei com ele uma última vez antes de sua morte. Ele telefonou e me convidou para assistir ao programa de outro orador cristão, dizendo que o jovem ministro havia transformado sua vida. O tom de sua voz parecia expressar humildade.

Quando recebi o telefonema informando que ele havia morrido, fiquei surpresa ao sentir-me como se tivesse perdido uma pessoa amada. Em algum ponto de minha jornada rumo à cura, meus sentimentos de ódio por ele haviam mudado, e quis de verdade que ele encontrasse paz e alegria. Eu não desejava mais que pagasse por seus atos. Com o passar do tempo, percebi que ele já havia sofrido as consequências de todos os seus atos egoístas. Ele viveu com um espírito perturbado, afastou de si todos os que o amavam e morreu sozinho. Senti pesar por tudo isso. Sim, senti pesar pelo homem que ele poderia ter sido, ao mesmo tempo que me alegrei por ter um vislumbre do homem que ele estava tornando-se nos meses anteriores a sua morte.

Não sei que papel desempenhei em sua vida e restauração. Mas tenho certeza de que ele foi como uma lixa na minha vida. Com ele aprendi a optar por fazer um sacrifício de amor. E o sacrifício dói. Para que possa amar incondicionalmente, uma pessoa precisa recusar-se a odiar e a buscar vingança. Um pouco de si mesmo deve morrer quando você opta por amar quem o expôs à humilhação e o feriu.

Esse tipo de amor cobra um preço, mas recusar-se a amar custa muito mais.

Por natureza, um sacrifício é doloroso. Significa abdicar de alguma coisa. Se não doesse ou não exigisse uma doação desconfortável, não seria chamado de sacrifício.

Não é muito difícil fazer sacrifícios por uma pessoa pela qual estamos "apaixonados". Quando um relacionamento é bom, podemos fazer sacrifícios sem arrependimentos... e a dor de dar parece insignificante.

No entanto, como Jacquelyn destaca, quando o amor é uma escolha difícil — quando inclui perdoar e decidir amar "apesar de" —, uma grande dose de sacrifício é exigida. E isso machuca. Requer que deixemos morrer algumas pequenas partes de nós mesmos.

Quando mortificamos nosso ódio e nosso desejo de vingança e optamos por amar, às vezes essa morte traz uma nova vida à pessoa que escolhemos amar. Independentemente disso, porém, ao optar por amar, escolhemos livrar-nos da dor e encontrar vida mais abundante para nós mesmos.

Arrancando o mato na trilha das flores

Connie Pombo

— Quem está arrancando as flores silvestres do nosso jardim? — perguntei.

— Ah, deve ser a Judy. Ela disse que nosso mato está invadindo sua propriedade — meu marido respondeu num tom irônico.

— Como ela se sentiria se eu invadisse seu jardim e cortasse as árvores que estivessem passando por cima de nossa cerca? — retruquei.

— Tudo bem, querida, Judy tem boas intenções. Ela simplesmente gosta de que as coisas estejam do jeito *dela* — meu marido explicou.

— Mas você não acha que ela deveria ter ligado antes para que soubéssemos que estava chateada com nosso canteiro de flores silvestres? — perguntei.

Mark deu de ombros e continuou lendo o jornal de domingo. Ele não parecia estar preocupado. Afinal de contas, não era a primeira vez que Judy havia resolvido as coisas por conta própria quando algo não estava exatamente perfeito na vizinhança.

Havíamos mudado recentemente para aquele condomínio, uma tranquila comunidade formada por uma mistura de casais que trabalhavam fora, famílias jovens e aposentados.

Era o nosso oásis!

De fato, depois de 27 mudanças em 32 anos, finalmente podíamos chamar aquilo de nosso lar. Nossa casa com varanda era ideal. Compramos a casa modelo, com uma maravilhosa vista da área comum. Desfrutávamos uma vista sem obstáculos de um pôr do sol maravilhoso bem na nossa varanda, acesso a trilhas de caminhada no degrau da porta e vizinhos amigáveis para todo lado — exceto por nossa vizinha na Trilha das Flores.

Uma vez que nossa casa ficava no meio de uma sequência de três casas, tínhamos o bom senso de não fazer muito barulho. Mas, quando havia algum jogo de futebol e meus três rapazes assistiam aos Giants contra os Eagles, seus gritos, rugidos e lamentos rivalizavam com qualquer multidão na arquibancada. Nesses dias, eu sabia que Judy ligaria pedindo para abaixarmos o volume.

Aconteceu depois que os Giants fizeram um *touchdown* e os rapazes soltaram um "URRA!". Então, do mesmo jeito que sabíamos que o Philadelphia Eagles não conseguiria interceptar a bola, o telefone tocou.

— Você atende desta vez — meu marido orientou. — Diga a Judy que vamos abaixar o volume.

Peguei o telefone e ouvi uma voz familiar.

— Oi, aqui é a Judy. Será que vocês poderiam abaixar um pouco o volume da televisão? Está um pouco alto, você não acha?

— Desculpe, Judy, os rapazes estão assistindo a um jogo de futebol. Vou pedir que abaixem o volume. Obrigado por ligar — acrescentei.

Clunk!

Agitei o telefone no ar e disse:

— Acho que ela desligou.

— O que você esperava? — disse Mark, rindo.

E assim eram as coisas: eu precisava controlar o televisor, o jardim, o mato, as latas de lixo e o tipo de flores que plantávamos no jardim da frente. Como eu não era boa com as plantas, já ficava feliz por ver o mato crescendo em nosso quintal — pelo menos ele adicionava um pouco de verde aos caminhos secos do piso.

Quando a filha de Judy nasceu, tentei presentear-lhe com algo especial: um conjunto cor-de-rosa, com meias e sapatinhos combinando. Judy agradeceu, mas mencionou que já tinha algo semelhante e pediu a nota fiscal para que pudesse trocar!

Lágrimas encheram meus olhos enquanto eu vasculhava o lixo em busca da nota da loja. Enquanto revirava borra de café e cascas de laranja, pensei: "O que estou fazendo de errado? Mesmo quando tento ser simpática, ela resiste aos meus esforços. Chega... acabou!".

Naquela noite, Mark envolveu-me em seus braços e sussurrou: "Não é você, querida. Você não percebe que Judy precisa estar no controle e, quando não está, sai com suas reclamações? O problema não é você. Deixe para lá!".

Um ano se passou, então dois... e os mesmos problemas continuaram. Numa tarde ensolarada de abril, vi Judy levar sua filha para uma caminhada no carrinho de bebê e perguntei se poderia acompanhá-las.

"Claro", respondeu Judy. "Venha, vamos dar uma volta no quarteirão."

Peguei meu tênis e corri para alcançá-las. Enquanto caminhávamos, fiquei escutando. Judy tinha 26 anos, e seus pais haviam acabado de se mudar. Ela e seu marido estavam passando por dificuldades, e Judy abriu seu coração. Eu disse que oraria por ela e que, se precisasse de alguma coisa, estaria disponível para ouvir.

Nossas caminhadas se tornaram mais frequentes, assim como os momentos em que eu a ouvia, o que, no início, foi difícil, uma vez que geralmente sou quem fala. Nesse caso, porém, quanto mais eu ouvia, mais percebia quanto Judy precisava ouvir palavras de elogio e de afirmação. De acordo com seu próprio julgamento, ela estava "sempre fazendo alguma coisa errada".

Acabei por entender que aquilo de que Judy mais precisava era amor incondicional — não apenas de sua família, mas também de seus amigos e vizinhos.

Quando perguntei se Judy tinha com quem conversar regularmente, ela mencionou que ela e John, seu marido, frequentavam um pequeno grupo de estudo bíblico. Mas era comum eles terem dificuldades para comparecer porque isso interferia no horário de sono de sua filha.

"Ah! É isso... posso ajudar", pensei.

— Sem problemas. Posso cuidar de Jennifer enquanto vocês vão ao estudo bíblico. Acho que isso é importante para vocês dois; gostaria muito de poder ajudar — ofereci.

O choque na face de Judy, que se misturou a uma expressão de gratidão sincera, foi o melhor presente de todos. As lágrimas encheram seus olhos.

— Sou profundamente agradecida. É muita bondade de sua parte! — ela respondeu.

Toda quarta-feira eu me sentava com Jennifer enquanto Judy e John saíam para passar um tempo tão necessário junto com outros casais de sua idade.

A verdade é que eu esperava ansiosa pelas noites de quarta-feira para cuidar da "neta" que nunca tive. As semanas se transformaram em meses, e Judy estava tão impressionada com a minha bondade que costumava agradecer com mais lágrimas de gratidão.

O coração de Judy começou a amolecer, assim como o meu. Cessaram os comentários sobre o fato de as cores de nosso jardim não combinarem. As latas de lixo não precisavam ficar perfeitamente alinhadas o tempo todo. E o mato do quintal não precisava ser cortado exatamente na mesma época em que Judy iniciava o plantio de mudas. Judy estava ficando mais flexível em suas atitudes e mais paciente conosco como vizinhos. Ocorrera progresso na vida de todos.

Formou-se um elo de amizade. Judy tornou-se a filha que nunca tive. Eu adorava passar tempo com ela, almoçávamos juntas frequentemente e desfrutávamos de muitas caminhadas comuns. Meu coração doía por essa jovem mãe em dificuldades.

Quando meu marido voltou para casa depois de ficar internado no hospital devido a um acidente, Judy preparou café da manhã, almoço e jantar — não apenas uma, mas três vezes.

— Estou aqui para ajudar — ela sussurrou, enquanto Mark dormia no sofá. — Avise-me se precisar de alguma coisa.

— Obrigado, Judy — agradeci. — Você não sabe como isso é importante para mim.

Sua face brilhou quando lhe contei como gostei das refeições que preparara — especialmente o bolo de aveia com amoras que ela trouxera para o café daquela manhã. Lágrimas correram por sua face.

— Ninguém jamais me disse que sou boa cozinheira — Judy respondeu. Abracei-a e disse:

— Você não é boa; é a melhor!

Daquele antigo "mato" que havia em nosso jardim brotaram flores de amor e amizade. Levou tempo para que as sementes florescessem, mas hoje desfrutamos o resultado de nosso esforço. Criamos um novo caminho de amor amistoso na Trilha das Flores.

Podemos desanimar quando alguém resiste a nossas tentativas de mostrar que nos importamos. Quando Connie fracassou totalmente diante de sua vizinha, porém, seu marido disse-lhe palavras sábias: "O problema não é você".

As pessoas difíceis de ser amadas o são por um motivo! Às vezes, como acontecia com Judy, elas se sentem compelidas a controlar seu mundo. Às vezes não sabem como se relacionar com outras pessoas. Às vezes simplesmente não entendem o que faz que os outros fiquem aborrecidos. Quando percebemos que nós não somos o problema, somos libertados. Isso permite que olhemos para além de nós mesmos e continuemos tentando construir uma ponte, sem pensar que nós é que estamos fazendo algo de errado.

Quando procuramos aproximar-nos com amizade, como fez Connie, tentando romper barreiras, entender e encontrar oportunidades de servir..., normalmente terminamos rompendo o bloqueio do coração da pessoa difícil de ser amada.

Tal como Connie, podemos até mesmo encontrar um amigo que se torna tão próximo e querido para nós como nosso próprio filho. A persistência no amor une corações.

A porta do amor

Nora Peacock

O AMOR ENTROU DENTRO DE UM BERÇO pela porta da frente da minha casa, embrulhado em cobertores macios. Olhos azuis como o céu sorriram para mim, numa pequena face emoldurada por lindos cachos de cabelo loiro. O corpo frágil de Cory era pequeno demais para uma criança de cinco meses. Tendo sido afetado por drogas, não conseguia engolir o leite, embora tomasse cada mamadeira como se fosse a última. Não conseguia relaxar os músculos, de modo que suas pequenas pernas ficavam encostadas no peito.

Enquanto outros bebês de sua idade davam seus primeiros passos, Cory tinha dificuldades para sentar-se ereto. Com o passar do tempo e muitos cuidados, pude vê-lo fortalecer-se e crescer. Um ano depois, fiquei muito contente quando ele levantou seus bracinhos gordos, rindo enquanto esperava que eu lhe fizesse cócegas nas axilas. O riso enchia seus dias.

Aos dois anos de idade, um juiz declarou Cory como meu filho, selando legalmente o que já havia acontecido no meu coração. Trinta anos se passaram, e a deficiência mental levou o sorriso embora. Mesmo assim, com calma determinação, Cory enfrenta os desafios de cada dia, agraciando minha vida com o presente de seu amor e de seu espírito doce.

Enquanto o corpo de Cory crescia forte com o passar dos anos, o meu enfraquecia. Enquanto ele enfrenta dor mental constante, experimento dor física crônica. Sua perseverança me ensina a pegar os limões da vida e fazer uma limonada. Suas amorosas ligações telefônicas e palavras de incentivo me inspiram, a despeito do sofrimento que sinto.

O amor entrou pela porta num furacão de energia e expectativa com oito anos de idade. A primeira princesa que se juntou a nossa família já vira muita coisa em seus poucos anos de vida, tornando-a muito esperta para sua idade. Renee pegou-me de surpresa em nosso primeiro dia juntas. Seus olhos castanhos brilhavam de curiosidade enquanto me perguntavam se eu era casada com o papai que vivia ali.

Eu sabia que estava entrando numa montanha-russa de alegria e dor. As diversas mudanças de Renee, saindo de orfanatos para casas de família, não haviam eliminado seu entusiasmo pela vida. Promessas quebradas de uma família definitiva não destruíram sua esperança de que, neste novo lar, seu sonho se tornaria realidade.

Depois de dois anos, no Dia dos Namorados, o juiz determinou que aquela doçura era minha filha. Agora, 28 anos depois, Renee ainda me ensina o que significa não desistir em meio à adversidade.

Mesmo já sendo adulta, seu senso de humor brilha, às vezes mais do que considero confortável. Ainda é possível que ela baixe o vidro do carro e diga ao motorista ao lado coisas como "Minha mãe acha você uma graça!". É claro que ela morreria se soubesse que sua mãe estava flertando com outro homem que não fosse seu papai. Sou uma mulher mais forte porque ela optou por me amar. Só de pensar em minha filha maravilhosa, tenho vontade de rir.

O amor entrou de mansinho pela porta, com mãos trêmulas segurando seu casaco. Outra linda princesa, cujos oito anos de vida haviam experimentado muita dor, derreteu meu coração com seu sorriso cauteloso. Sua necessidade de me agradar em tudo revelava uma criança preocupada com o desempenho e temerosa das broncas que poderia receber se não estivesse à altura.

Os outros pais devem ter achado muito estranho quando expressei alegria pelo mau comportamento de minha filha "perfeita". A versão de Tyana para agir de maneira inesperada era cômica, mas eu ainda sentia vontade de dar uma festa quando ela confiava em mim o suficiente para falar de suas necessidades.

Na sétima série, minha filha "tímida" se atracou numa briga com meninos do primeiro ano do ensino médio, a ponto de rolar no chão. Depois de mais um período de dois anos, meu coração cantou novamente quando Tyana se tornou oficialmente minha filha. Agora, 24 anos depois de ter cativado meu coração, essa jovem corajosa continua enfrentando corajosamente seus medos — e tem obtido vitória. Ela me amou mesmo diante de minhas próprias inseguranças e me mostrou o que significa combater o bom combate .

O amor dessa linda "criança" sopra vento em minhas velas, mantendo-me no curso rumo a um futuro cheio de esperança. Ela me impulsiona a alcançar meus sonhos quando me canso e quero atracar no porto mais próximo e permanecer ali.

O amor entrou galopando pela porta, carregando sua sacola de pertences. Onze anos já se passaram desde que o sorriso acanhado de Bobby me avisou de que eu estava perdida! Ele se recusou a permitir que os primeiros dez anos de sua vida, vividos na maior parte em isolamento, definissem quem ele era. O menino outrora inseguro, que tinha ataques de pânico quando fazia seus trabalhos de casa, encheu-me de orgulho quando, aos dezessete anos, participando dos Royal Rangers (um grupo de escoteiros evangélicos), recebeu o equivalente à mais alta patente dos escoteiros tradicionais no programa desenvolvido por nossa igreja para adolescentes e jovens.

Enquanto amadurece, ele abre uma trilha para pessoas mais jovens que tiveram a vida igualmente massacrada. As palavras amorosas de Bobby revelam que ele sabe o que é necessário para ser um homem "de verdade". Ele não tem vergonha de andar de braços dados com sua mãe e de me dar um grande abraço, mesmo que seus amigos estejam por perto.

Meu coração quase parou quando um envelope há muito esperado chegou a minha caixa de correio, com o timbre do Departamento de Estatísticas Demográficas impresso no canto superior esquerdo. Tirei dali a nova certidão de nascimento de Bobby que reescreveu sua vida — e a minha.

Os meses seguintes se transformaram em anos, e um dia esse filho querido me chamou de *mãe*. Eu sabia que esse era um presente inestimável, mais valioso que qualquer riqueza que este mundo possa oferecer. Sua caminhada por entre o sofrimento emocional contínuo me lembra que seu amor por mim surgiu mediante um enorme custo. Contudo, seu coração continua suave, ainda disposto a arriscar-se a amar.

Por quatro vezes, o chamado à adoção bateu a minha porta. Em cada chegada preciosa, descobri novas profundidades do amor. Juntos, visitamos repetidas vezes os vales das tristezas provocadas pela separação da família original. Aprendi a permitir que cada criança amasse seus pais biológicos, lembrando que, mesmo junto a um pai ou uma mãe abusivos, aconteceram momentos felizes.

Da mesma forma que meus maravilhosos filhos naturais Eddy, Jim e Larry me deram a liberdade de amar cada novo irmão ou irmã, aprendi que amar significa abrir mão; não preciso ser o único objeto da afeição de meus filhos adotivos. Assim como meu coração passou a amar cada filho adotado, o coração deles se expandiu para me abraçar enquanto eles ainda amavam aqueles que lhes deram vida.

Do outro lado de cada vale, escalei as alturas da alegria de ver meus filhos adotivos perceberem seu valor infinito simplesmente por serem quem são. O passado doloroso de cada um, embora nunca esquecido, não determina mais seu futuro. Enquanto vejo esses filhos especiais indo muito além daquelas lembranças de partir o coração, testemunho o poder do amor de restaurar e fazer novas todas as coisas.

A porta da adoção se abre largamente nos dois lados — o amor dado e o amor recebido. Alegrias e tristezas compartilhadas, oferecendo esperança e futuro para eles — e também para mim.

Amar é um ato de fé. Nora não tinha ideia de como seriam os relacionamentos com seus filhos adotivos assim que eles entraram pela porta. Mas ela amou, na fé, confiante de que poderia fazer a diferença.

Os filhos naturais de Nora poderiam ter-se sentido intimidados pelas novos membros de sua família. Mas optaram por agir pela fé, por amar e aceitar os filhos que Deus colocava em seu caminho. Optaram por confiar no amor de seus pais — confiar que seus pais não os perderiam de vista no meio dos novos relacionamentos.

Entrar no amor por uma nova porta foi um ato de fé para Bobby, Tyana, Renee e Cory. Para alguns deles, dispor-se a amar novamente foi um enorme risco emocional.

Nora descobriu que sua fé estava no lugar certo. Ao abrir seu coração para um novo amor, ela escalou novas alturas na vida.

Ao amar com fé, você também escalará novas alturas.

Sobre os colaboradores

Amy Chanan vive na área metropolitana de Denver com seu marido e dois filhos. Gosta de correr, escalar e passar tempo com sua família. É membro da Words of the Journey Christian Writers Guild.

Ann Varnum é apresentadora do The Ann Varnum Show e do programa Sunday Morning with Ann Varnum na emissora WTVY-TV, afiliada da rede CBS em Dothan, Alabama. Ann produz uma série devocional na rádio WAQG (American Family Network) e para o *The Dothan Eagle*.

Barbara L. Scott, autora de *From Rubble to Restoration* [Do entulho à restauração], e seu marido são embaixadores internacionais da YWAM (Jocum). A paixão de Barbara é usar seus textos e seu ministério para incentivar outros a experimentar a capacidade de Deus de fazer que todas as coisas cooperem para o bem.

Betty J. Johnson Dalrymple vive em Parker, Colorado, juntamente com Bob, três filhos e dez netos. Quando não está viajando, atua como liturgista em sua igreja e facilitadora em um grupo de apoio a pessoas em luto.

Billy Cuchens e Laurie, sua esposa, adotaram seu filho ainda pequeno e sua filha logo após o nascimento. Você pode ler os artigos de Billy sobre assuntos como infertilidade e paternidade em seu *blog* em <www.goggycoffee.blogspot.com>.

Chris Wright nasceu na Inglaterra, escreveu trinta livros e é editor sênior de uma pequena editora cristã em Minnesota. Tem três filhos adultos.

Christine McNamara é conselheira bíblica e professora, e gosta de desenvolver materiais para incentivar e capacitar outras pessoas. Entre outros trabalhos, criou um manual de treinamento para mentores de ex-detentos e um livro de exercícios para grupos de apoio.

Connie Pombo é autora, oradora e fundadora do Women's Mentoring Ministries [Ministério de Apoio às Mulheres] em Mt. Joy, Pennsylvania. Quando não está dando palestras ou escrevendo, Connie gosta de fotografar — uma de suas maiores paixões (<www.conniepombo.com>).

Donna Smith é professora aposentada e edita e publica o *e-zine Victory Herald*, <www.victoryherald.com>. Seus trabalhos têm aparecido em *Guideposts*, *Sixth Serving of Chicken Soup for the Soul* e *Bible Advocate*.

Doris E. Clark tem três filhos e oito netos. É membro da Oregon Christian Writers. Escreve textos devocionais, artigos e histórias para revistas e livros.

Eileen Roddy nasceu na Irlanda, mas vive hoje com Don Phillips, seu marido, em Lawrence, Kansas. Escreve uma coluna semanal e outros artigos com regularidade.

Elsi Dodge é professora aposentada, solteira, que viaja com seu cachorro e seu gato num *trailer* de dez metros. Vive em Boulder, Colorado. Você pode ler suas ideias no *blog* <www.RVTourist.com/blog>.

Emily Osburne dá palestras sobre casamento na área da grande Atlanta, concentrando-se em noivos e casais jovens. Escreveu seu primeiro livro, *Everyday Experts on Marriage* [Leigos especialistas em casamento], em 2006.

Faith Waters é presbítera itinerante da Igreja Metodista Episcopal Africana. Com mestrado em aconselhamento pastoral, tem atuado como capelã de um centro de detenção juvenil, como consultora para jovens e como terapeuta comportamental de crianças.

Gena Bradford — autora, oradora e cantora — tem escrito para várias antologias e periódicos. Seu último CD, *Given Wings* [Asas doadas], pode ser encontrado em seu site: <www.genabradford.com>.

Jacquelyn Sandifer Strange é professora de inglês aposentada e já ganhou prêmios nas categorias contos, poesia e ensaios. Ela e seu marido têm cinco filhos e seis netos, e ambos lecionaram na escola dominical por muitos anos.

Jennifer Devlin é autora das séries de estudo *Life Principles for Christ-Like Living* [Princípios de vida para sobreviver como um cristão] e *Verses We Know by Heart* [Versos que sabemos de cor]. Visite seu site, <www.ministryforlife.com>, onde você encontrará mais informações sobre suas palestras, textos e trabalho ministerial pelo mundo.

Jon Hopkins é pastor de jovens em Kansas e professor do ensino fundamental numa escola cristã. Está casado há 28 anos e toca bandolim, <www.thelong-aimedblow.blogspot.com>.

Katherine J. Crawford e Gary, seu marido há 49 anos, vivem em Omaha, Nebraska. É conhecida como Kat coração de leão. Você poderá conhecer um pouco de sua vida em <www.katcrawford.com>.

Kevin Lucia é professor de inglês em tempo integral e aluno de mestrado. É blogueiro da equipe do *The Relief Journal,* <www.reliefjournal.com> e escreve uma coluna semanal para o jornal de sua cidade, o *The Press & Sun Bulletin.*

Laquita Havens está casada com Bruce há 43 anos. Mãe e avó, adora ensinar crianças por meio da arte de contar histórias e escreve, dirige e produz eventos com marionetes há trinta anos.

Laura L. Bradford é uma profissional de saúde que gosta de incentivar outros contando histórias sobre fé e família.

Laurie A. Perkins vive com seu marido, Philip, em Needham, Massachusetts. Antiga bibliotecária especializada em crianças, não apenas escreve, mas também dança com o grupo de adoração com danças do Aldersgate Renewal Ministries.

Leslie J. Payne e seu belo cavaleiro gostam de viagens e família, bem como de velejar na baía de Chesapeake. Ela continua tratando sua dor crônica. Gosta de tudo o que aprendeu por meio da dor, mas espera que esse relacionamento acabe algum dia.

Loretta J. Eidson é autora de um livro de poesias inspirativas intitulado *Good Old Spiritual Food* [O bom e velho alimento espiritual]. Seus artigos já foram publicados na revista *Experience*, mantida pela International Pentecostal Holiness (IPHC), e na revista *Faith Café*.

Louise D. Flanders trabalhou por dez anos como editora e agora escreve artigos para revistas e devocionais. É a atual secretária da Christian Authors Guild (CAG).

Midge DeSart é esposa, mãe e avó. Além de ser autora de *Maintaining Balance in a Stress-Filled World* [Mantendo o equilíbrio em mundo estressante], atua na área de música em sua igreja e faz bijuterias. Ela e seu marido vivem em Tacoma, Washington.

Nancy J. Farrier é autora de doze livros e inúmeros artigos e contos. Tem cinco filhos e um neto, e vive no sul da Califórnia.

Nancy Page Sheek vive em Columbus, Georgia, com seu marido, três filhos e três cachorros. Gosta de escrever, correr, viajar e ficar com sua família. Nancy tem paixão por ajudar mulheres a se libertar do perfeccionismo e da preocupação com o desempenho.

Nora Peacock, casada há quarenta anos com Arlen, raramente reclama de tédio. Mãe de sete maravilhosos filhos, traz para seus textos um caleidoscópio de experiências vividas em 39 anos cuidando de seus filhos naturais, adotados e crianças de orfanatos.

Pamela Dowd já foi diretora de escola particular, diretora de pré-escola, professora de jardim de infância, secretária forense, modelista de roupas infantis, escritora *freelancer* e romancista. Seja na rua ou na esteira, ela gosta de ler e caminhar ao mesmo tempo!

Rebecca Willman Gernon sobreviveu a uma inundação, a um tornado que destruiu sua casa enquanto ela e seu filho estavam no porão e ao furacão Katrina; ainda assim, crê que, se você não consegue encontrar algo do que rir em cada situação, está levando a vida muito a sério. Atualmente aguarda a ocorrência de um enxame de gafanhotos ou uma erupção vulcânica para completar suas experiências com desastres naturais.

Sandy Cathcart é escritora, fotógrafa e artista *freelancer* envolvida com aventura. Vive na região sul do Oregon. Ela e Cat, seu marido, cozinham e trabalham como guias para a 4E Guide and Supply, uma loja de artigos ligados a aventura, <*www.sandycathcart.com*>.

Sarah B. Hawkins ensina inglês e Bíblia a estudantes do ensino médio. Durante anos, conduziu um estudo bíblico para mulheres e escreveu uma coletânea de suas meditações para esposas. Vive no norte da Califórnia com seu marido e seu filho.

Sheila Farmer é dona de casa e escritora *freelancer*, e vive perto de Annapolis, Maryland, onde é colunista do *Maryland Gazette*. Ela diz: "Sou sempre inspirada e abençoada por meu marido, Marvin Farmer Jr., e por nossos dois filhos, Shawn e Shannon".

Steven L. Brown é cardiologista, professor de medicina associado, orador e autor do livro *Navigating the Medical Maze* [Navegando no labirinto médico]. Vive com sua esposa e três filhos em Midland, Texas, <*www.drstevenbrown.org*>.

Sudha Khristmukti ensina inglês na Índia e escreve para revistas cristãs e jornais seculares. Adora tocar cítara, ouvir música ocidental e resgatar cachorros perdidos. Também tem um esquilo e uma gralha de estimação.

Susan Stanley, foragida do mundo corporativo, é agora esposa em tempo integral de Trent e mãe de dois filhos. Escreve durante a soneca dos filhos e à noite.

Tamara Vermeer vive no Colorado com seu marido e três filhos. Além de escrever histórias e devocionais, é uma ávida leitora que gosta de alcançar mulheres por meio de textos e estudos bíblicos ou de simplesmente ouvir enquanto tomam café.

Conheça outras obras de

Gary Chapman

- A Bíblia devocional do casal — As linguagens do amor
- A criança digital
- A essência das cinco linguagens do amor
- A família que você sempre quis
- Acontece a cada primavera
- Ah, se eu soubesse!
- Amor & lucro
- As cinco linguagens da valorização pessoal no ambiente de trabalho
- As cinco linguagens do amor das crianças
- As cinco linguagens do amor de Deus
- As cinco linguagens do amor dos adolescentes
- As cinco linguagens do amor para homens
- As cinco linguagens do amor para solteiros
- As cinco linguagens do perdão
- As quatro estações do casamento
- Brisa de verão
- Casados e ainda apaixonados
- Como lidar com a sogra
- Como mudar o que mais irrita no casamento
- Como reinventar o casamento quando os filhos nascem
- Do inverno à primavera
- Fazer amor
- Incertezas do outono
- Inesperada graça
- Linguagens de amor
- Não aguento meu emprego
- O casamento que você sempre quis
- O que não me contaram sobre casamento
- Promessas de Deus para abençoar seu casamento
- Zero a zero

Compartilhe suas impressões de leitura escrevendo para:
opiniao-do-leitor@mundocristao.com.br
Acesse nosso *blog*: www.mundocristao.com.br/blog

Diagramação: Triall Composição Editorial Ltda.
Fonte: Minion
Gráfica: Forma Certa
Papel: Off White 80/g^2 (miolo)
Cartão Royal 250/gm^2 (capa)